子どもの探求（下）

——学びと教え——

高田熱美

学術図書出版社

目次

第1章　家族の子ども **1**

はじめに……1

1　家族の起源……2

2　家族の機能……7

3　母であること……10

4　父であること……16

5　危　機……22

6　蘇　生……39

目　次

第2章　学校の造成 …… **45**
はじめに …… 45
1　学校の発生 …… 46
2　勉学のすゝめ …… 57
3　国家と教育 …… 60
4　戦争と子ども …… 65
5　民主主義下の学校と子ども …… 68

第3章　学校の子ども …… **77**
はじめに …… 77
1　語　義 …… 78
2　心的構造 …… 79
3　社会的構造 …… 83
4　社会の情況 …… 86
5　学校の課題 …… 88
むすび …… 92

目　次

第4章　子どもの暮らし …… **99**
はじめに …… 99
1　遊びの情況 …… 102
2　遊びであること …… 109
3　遊びの生成力 …… 116
4　勉強の時間 …… 120
5　道徳の勉強 …… 124
6　道徳の学び …… 131
7　生きられる場の復興 …… 140

第5章　子どもの時 …… **147**
はじめに …… 147
1　生きられる時間 …… 148
2　抽象された時間 …… 155
3　見出された時 …… 160
4　子どもの時 …… 170

目　次

第6章　「見る」世界の子ども …… **181**
はじめに …… 181
1　見る働き …… 183
2　見るの意味 …… 185
3　見ると科学 …… 187
4　見るを補完するもの …… 189
5　触れること …… 191
6　生きること …… 194

第7章　大学の竣成―その理念を視座にして― …… **199**
はじめに …… 199
1　大衆の大学 …… 202
2　大学への新しい波 …… 212
3　大学の変容 …… 214
4　大学の成立 …… 217
5　大学の課題 …… 224

6　大学の理念……228
むすび……231
第8章　宇宙の子ども……**237**
はじめに……237
1　自然の無機化……239
2　生きられる自然……244
3　自然のなかの人間……249
4　宇宙を生きる子ども……251
あとがき……**257**

第1章　家族の子ども

はじめに

従来、子どもは家族の中で育ち、人になった。これは現在でも基本的には変わらない。家族の形態は、民族、その歴史において多様なものであるとはいえ、家族は子どもが生き、成長する場でありつづけた。もちろん、子どもの成長を損なう家族あるいは家族の外で生育した子どもも数多くいた。とはいえ、家族、それを構成した父と母、祖父母、兄弟、姉妹たちは子どもにとって不可避であった。親が子どもを選ぶことができないように、子どもも自己の親とその家族を選ぶことができないからである。友だちは自己の選択によるが親と家族は宿命である。

では、そもそも子どもにとって家族とはいかなるものか。家族は子どもの成長および自己形成をいかにして促すものであるか。今はまた、かかる問いが不可欠になっている。

1　家族の起源

一見すれば、ゴリラやチンパンジーやヒヒのような類人猿も家族をもっているように見える。だが、霊長類学ないし動物行動学の研究が語るように、彼らは家族をもたない[1]。彼らの群れの形態は、強力なオスがメスを支配する専制的な形である。この形は、いずれも、強力なボスの遺伝子を伝えるという結果になり、遺伝子が生存のために取った戦略であるともいえる。ボスが他のオスを排除してメスを独占するのは、ボスの遺伝子が利己的であるかに見えるが、それもまた種の保存と強化に帰することになる。ちなみに、先のボスの子を新しいボスが殺すというインドのサル、ハヌマン・ラングールでさえ、種の生存を果している。

オスとメスは生殖によって生命の連続を担う。もっとも、類人猿のボスは、外敵の侵入に対して、自分の群れの防衛に当ることがあるとはいえ、自らの生命を賭してまではしないという。もちろん、ボスとその子との結びつきは弱い。

類人猿には性の交わりから子どもが生まれるという認識はない。チンパンジーは、三年間は育児に専念して次の子を生まないし、ボノボは育児期間に性の交わりがあっても妊娠しないという。

これらを除けば、性の交わりは発情の時にだけ生じる。したがって、この行為は認識や選択によるのではない。これは生命の根本活動、大脳皮質下、すなわち中脳などの原始的脳に根拠をおくのである。

生まれ出た子どもは母親が育てる。母親の身体から分化した子どもは、母親の自然的な庇護を受けるべき存在であって、それゆえ母親に絶対的に依存する。

ヒトの子も母親に依存する。母と子は、認識以前の、自然の太い糸で結ばれており、他方、父親は子どもから遠く離れている。

とはいえ、ヒトにおいては新しい結びつきが生まれた。母と子と父、そしてこれを中心とした家族が創造された。母と子という自然ないし生理的結びつきに男（女）が加わり、その結びつきが社会的になり、機能が豊かになった。

なぜ、哺《ほ》乳する母と子の自然的結びつきの中に男が入り、父となったのか。化石人類学や霊長類学の知見によれば[2]、それは母と子と男とが共に相手を必要としたからであろう。これは自然地理的要因と関係する。すなわち、アフリカの樹林が減少してサバンナが広がったため、人類の祖先たちが大地に降りて生活を始めたことによる。森林に比べてサバンナは食物の保存量は少ない。捕食獣に出会う確率は高く、寒暖の差が激しい。雨期の寒さと乾期の日照は体を消耗させる。

人類の祖先たちが、ハヌマン・ラングールやヒヒなどに典型的に見られるような、ハーレムを生きていたかどうかは定かではない。もし、そうであったとしても、厳しい自然環境がそれを解体させたであろう。一匹のオスが多数のメスを独占し、子どもをつくって生きるハーレムは、外敵が少なく、食物が豊富であるときに成り立つ。逆に、生活環境が厳しいところでは、ボスの支配はハーレムの全体に及ばず、消滅する。

ヒトの祖先が地上へ降りたときには、すでにハーレムは解体していたのではなかったか。一メートルかそこらの背丈で、剣歯は退化し、体力も弱い祖先たちは群れをなして生きのびたであろう。したがって、彼らは仲間との争いを極度に避けたにちがいない。ちなみに、このことは、地上の岩場などで生きるヒヒなどにもいえることであった。たとえば、ゲラダヒヒは水のみ場で違った群れが出会っても争うことはなく、相互が雑然と混入してひと時を過ごし、やがて何事もなかったかのように、もとの群れとなって、移動するという[3]。

ヒトの祖先たちもこうであったであろう。たとえば、コイサンマンのような狩猟採集民は、その集団だけが利用できる居住地があっても、いわゆる所有地としてのなわばりを持たないという[4]。なわばりをつくって、争奪し合っていては生きることができないのである。

森林に住んでいる霊長類たちは豊かな生活を享受できる。したがって、彼らはそこで十分に生きることができる。なお、そこにはなわばりがあるという。それは、ボスの性的支配を維持するためである。オスの鋭い剣歯も外敵ではなく、自分のハーレムに侵入するオスを撃退するために用いられる。

ヒトの祖先たちは、捕食者に脅え、飢えと寒さと酷暑に苦しみながら身を寄せ合って生きたであろう。これは、とりわけ身ごもった女性や出産したばかりの女性には苛酷なことであったにちがいない。食物が豊富で天敵のいない森林に比すれば、そこには死と隣り合わせの生があった。妊娠・出産・育児は女性にとって生命がけのことであった。そのため、かのブッシュマンは自らの意志で子どもを生む行為を抑えるという[5]。

女性は、ハーレムの解体によって、ボスから自由になったとはいえ、自分と子どもの生活を援助する者を必要としたであろう。しかも、その援助は束の間のものではなく、長期にわたるものでなければなるまい。女性は、よって、力のある男性を必要としたであろう。

他方、男性においては、ボスの独占から解放された女性と結びつくことが可能になったわけである。

こうして、女性あるいは母と子に男性が結びつき、協力し合う集団が生まれたのであろう。ヒトには発情期がないが、それが性的結びつきを普段かつ永続的にしたであろう。ちなみに、ボノボのように発情が日常化している者にあっては、生殖から解かれて、性の快を享受するようになる。また、これがボノボたちの親和、コミュニケーションを促進しているという[6]。

ヒトにおいても性が男性を母と子に結びつける効果をもったであろう。そして、この頃、人類の祖先たちは性的行為と妊娠・出産との因果関係を知ったのではないか。さらに、人類には愛情というものが芽生えたであろう。人類は直立して自己の体の全容を現わす。目はそれを見ることによって、相手をとらえる。それは相手に対する好悪の感情を起こし、相手を選ぶことを可能にする。このため、性において不特定の異性ではなく選ばれた異性が対象になる。視覚は体臭よりもはるかに個別的であって、性の交わりが正面対向であるヒトにおいては、視覚の効果は高く、そのうえ、回転する腕が抱擁を可能にする。これによって、ヒトはたんなる性を越えて性愛を生きることができる。

かくして、家族は母子の生存への渇望と男性の性的欲求を起因とし、それが愛によって統合されたものといえよう。

チンパンジーのような、視覚が発達して、個体識別ができる類人猿においても、性は不特定の異性一般に向かう衝動であるが、性愛は選択である。性愛は、寝食を共にする暮らしのなかで、自己愛を越えた、与える愛へ深化していく。家族は、私の性と生そして性愛と愛によって成立するという点で私的なものである。とはいえ、家族は私的なものにとどまらない。家族が持続するには新しい血が必須である。家族の者たちに生老病死が訪れるからには、家族は妻や夫を家族の外から導き入れねばならない。それがなければ家族は死滅する[7]。

それゆえ、家族は他の家族と交流し、血縁関係をつくり、共同体を広げていく。

これが、他の動物に比して身体の脆弱なヒトが創造した方法であった。したがって、家族は私的であると共に、他の家族と相互扶助・協力関係にあるという点で公的なものであった。

2　家族の機能

家族はその機能において私と公の性質をもつ。孤立した家族は衰退して消滅する。ゆえに、家族は内へ向かうと同時に外へ開かれている。

かつて、マードックは家族の基本的な機能は性、生殖、経済的協力、教育であると見ていた[8]。これは家族を単一の実体としてとらえ、その機能を個別化したものであって、それだけに家族のダイナミズムを捨象することにもなっていた。

他方、化石人類学や霊長類学は家族が家族である所以をその起源から明らかにするのに稗益してきた。それによれば、家族はヒトが生きるためにつくりあげた共同体であった。家族は、夫婦と子どもたちが生きるためにつくりあげた分業補完システムであった。衣食住の確保、外敵からの防衛、生老病死に関わる出産、育児、看護、埋葬、他の家族との交流など、すべてが妻と夫、父や母、子どもたちとの分業によって遂行されてきた。家族においては生殖も経済的協力も教育も分業のなかで成就された。最も私的といえる性でさえも家族の中で意味をもった。

家族の機能の一つである性は、家族の外から導かれてきた他者との出会いによって成った。したがって、インセスト・タブー（近親相姦禁忌）は自明のことであった。

インセストは日本ザルのような猿類にもないという。母と息子はいうまでもなく、父と娘の間にもない。メスの相手が不特定多数で父親が確定できないにもかかわらず、それがないのは、オスと親密だったメスの娘に対しては、オスの性的関心が生じないからだという[9]。

これは、結果として、劣性遺伝子の排除になるのであったが、そもそもこれが可能であるのは、オスが、性的関わりをもったメスに親しく、馴れ合ってきたからであろう。したがって、オスは、メスの娘については子どもの時から見知っていて、その成育を身近にしてきたはずである。オスは、こうして、メスの娘に対する性的関心を消去したといえる。

身近な者に対する性的関心の消去はヒトにもいえる。性は、たんなる衝動ないし本能ではなく、未知の、異質なものへの好奇心、新しい世界へのエロスである。ヒトが異性を愛するのは、自然的衝動や自我の欲望によるだけではない。そこには自己を越え出る投企がある。高等な猿類には、日本ザルが示すように、ヒトに通じたものが見られるということであろう。

性的行為と出産の因果関係を知ったとき、ヒトはなおさらインセスト・タブーを守ったであろう。もっとも、ヒトは自由であるがゆえに、それを犯すことも可能であったが、それゆえ一層そのタブーを厳しくしたであろう。

家族はヒトが生きる基本的単位として成立した。ヒトは、この家族を維持するため、新しい血を入れる。婚姻のシステムがここに生まれた。これは家族と他の家族との結びつきを強くし、その集団を拡大し、協力を豊かにする。したがって、家族の機能の一つは地域共同体をたえず産出することであった。

家族と家族の相互連携のなかで、衣食住の確保、成人式や冠婚葬祭などの儀式、祝事や祭儀、育児と教育にわたる活動が可能となるのであった。それゆえ、家族が地域共同体との関わりを断った時その機能は衰退する[10]。

一見すれば、家族の基本的機能としての性、生殖、経済的協力、教育は家族のなかに生じる私的事柄であるかに見える。だが、これは公的かつ社会的要素を含んでいる。むしろ、公に対する私的なものといえば、自然的な性の欲動と心的な愛であろう。性への欲動が自己の家族に及んでインセストに至るか、他の家族の人たちに暴力的に発動したとき家族は崩壊するであろう。また、心的な愛を貫徹するときも同様であろう。愛の純化において、人は家族を離れることも辞さないからである。

この観点からいえば、現代の家族は、国家の法が求める公と個人の欲望としての私とが錯綜するところにある。個人の自由という名目のもとに私的欲望が拡大して、家族の共同体的機能すなわち本来の公的機能を低減する。法はそれを抑える働きをする。だが他方では、個人の自由を支持して、物的生産の向上を計り、家族の機能を消去する。

とはいえ、もともと家族はヒトが生きるために創造されたものであって、ヒトがヒトとして成長し、ヒトになるのは家族においてであった。したがって、家族は人間性を創造する場であった。この事実が現代の社会のなかで、問われることになる。

3　母であること

ヒトにおいては、直接に子どもを庇護し、その心身の発育に関わるのは母親であった。学ぶ力が豊かなヒトの子は、母親に、その発育を左右されるのである。この点では、高等な類人猿であるチンパンジーもヒトに近い。チンパンジーの子は五年間は母親と離れることができない。母親がなくなると、離乳食で生きる年齢であっても、心理的に不安定になり、衰弱して死ぬという[11]。これは、チンパンジーの子が長期にわたる母子密着の関係、いわば閉ざされた世界を生きるため、子どもの自活力が育たなかったことを意味する。それゆえ、最低三年間は子どもを産まないというチンパンジーの戦略は、子どもが自活する習慣の遅れと引き替えであったといえる。

ヒトにおいては、一年を開けずに子どもを産むことが可能であり、次の子が生まれれば、子どもはその子に母親を渡さねばならない。次の子が生まれなくとも、多くの母親は意識して離乳を試みる。これは母にも子にも苦業となるのではあるが、こうして、一年も立てばほとんどの子どもは離乳する。この時期になれば、母親がなくなったからといって、チンパンジーの子のように死ぬことはない。母親以外の人びとが子どもに関わり、母親の代行をして子どもを自立させる。

ヒトの子は、チンパンジーの子に比べると、運動の機能においてはるかに遅れている。だが、他者との関わりを母親に固定せず、他の多くの人に関わり、その結びつきを深め、広げていく。母親の代行をする人に懐き、十分に育ち、「人」になることができる。

ヒトの子は、元来、可能性に富み、学習能力に秀でたものであった。したがって、他者との共存を柔軟に生き、そのなかで自立できるのであった。かつては、次の子が生まれない限り、三歳になっても母乳を飲む子もいたのであったが、この子たちも母親だけに依存するのではなく、他の多くの人びとのネットワークをつくっていった。それゆえ、ヒトにおいては授乳期間の長さが自立を損なうものでもなかった。

ヒトの子においては、自分を庇護してくれるヒトであれば、誰でもよかったのであり、母親であるとは、そういう働きをする者の謂であった。

高等な哺乳動物にいえることであるが、とりわけ、ヒトの子においては自分が庇護されているという感情が生育の基盤になる。この感情は安定感もしくは安心感というべきものであって、子どもの人間学的理解を進めていたランゲフェルド[12]、ボルノウ[13]、それにラッセル[14]などがその重要性を指摘したのであったが、こうした安定感が、世界を前に屹立する自立性を培うのであった。静かで落着いた暮らし、日頃の母親のさりげない所作、振舞いから、子どもは世界が秩序ある定かなものであることを体得する。靄のような、朦朧としたカオスから何か確かなものが浮かび出てきて、それがコスモスになるのであった。こうして、世界は安らかで幸せに満ちたものに成る。世界が確かなものであるとの原体験は、統一的宇宙観や自然観の基底となるものであり、人生においては自己及び世界・人間への信頼を育むのである。これは原的信ともいえる。

いかなること、たとえ天地異変が起きようとも、母の膝元にかけ寄り、懐に飛びこむことができるとの原的信を原体験が生み出すとすれば、母であるとはこの体験を与える者の謂である。この体験は母親が幼い子どもを無条件に受容することから成就する。これは、換言すれば、子どもをかけがえのないものとして庇護する愛である。

このような愛の体験に、自己がかけがえのない存在であるとの自信が由来する。この体験は、さらに他者のかけがえのなさ、生きとし生けるものの尊厳を自覚させ、自己の生きる世界を受容させ、愛することへ誘うのである。

よって、自己及び世界の尊厳性は理知を越えている。これは理知の論証によるのではなく、自己がかけがえのないものとして生かされてきたという原体験による。いかなる人間の定義も尊厳性を説明してはいないのはこのためである。

世界のすべてを体現する母親が、子どものためにその存在全体を賭けたという原事実によって、人は人の尊厳性を感得し、これによって人を愛することを学ぶ。愛は理知や意志によって学ばれるものではない。

愛の体験は家族のなかで起こる。一人の女性が身籠り、一個の生命を産んだという自然的体験を契機として、子どもへの愛が成就するのであれば、家族が愛の体験の場であることは当然であろう。そして、家族のなかでも、母親が愛の元体験を荷うのである。

かくして、母親の根本機能は子どもにおける愛の体験であり、それによって人間の教育の礎となることである。

人を愛するとは、究極的には、その人のために自己の生命を賭することができることである。自己の生命を賭してまで自分を生かそうとする人をもつとき、子どもは自己のかけがえのなさを自覚する。自分の生存には、かけがえのない生命という代価が払われていること、自分には何の報酬をも求められていないこと、自分には無償の愛が注がれていること、この体験によって、人は自己の生命を賭しても守るべきものがあることを感取するのである。

ヒトの子は母親に生かされ、愛されてきたという原体験において、したがって、自我ないし意識未生の時から生涯にわたって、母親と結びつくことになる。この結びつきは、一回切りの、親密で、理知を越えた、情かつ人格的な結びつきである。献身、信愛、寛大、受容は母と子が織りなす糸である。

それゆえに、また、母親に拒否ないし遺棄され、以来、愛にふれることのなかった子どもは、自己及び他者のすべて、いわば、人間と生きるもののすべて、世界そのもののかけがえのなさを感受し難くなる。とりわけ、幼い頃虐待を受け、自己の存在を否定された子どもは、心に深い傷を負って、自己及び他者、世界を拒否するようになろう。生きる勇気、人生に対する信頼、希望などの根源は、愛の体験によるのであり、不安と不信と絶望はそれを越える信頼と愛によってしか克服されえないのである。

かつて、ラッセルは、スピノザの定理を想起しながらこう語ったことがある。「情熱だけが情熱を制御できるのであって、反対の衝動あるいは願望だけが衝動を制御できる」[15]と。したがって、憎悪は愛の経験によって回復される他はない。とすれば、逃げ場のない核家族のなかにいて、親の虐待を受けた子どもに、人間への愛を目覚めさせることは至難であろう。また、母親の自己中心性や利己性によって、子どもが放置されてきたとき、子どもは不安定で臆病になり、明るさと勇気を身につけることが難しくなろう。

子どもであるとは自立していないことであり、それゆえ、責任を取ることのできない存在である。したがって、とくに母親の庇護と援助、責任の代行が求められる。たとえば、幼児がボール投げをしてよその家の窓ガラスを割ったとしよう。その時、母である者はそれを放置することはないであろう。かといって、子どもを一人で謝りに行かせることはないであろう。それは幼児には困難なことである。

母である者は子どもと共にその家へわびに行くはずである。母親はそうすることによって子どもの責任を代行し、それによって人は責任を負うべきであることを示すのである。

他方、母親が一人でわびに行くとすれば、それは子どもが責任を負うことのできる大人になることを拒否したことである。これは過保護であって、放任と同様に過保護は子どもを愛することとは別ものである。

人にとって、人のかけがえのなさを学ぶこと以上の価値はない。これが生存の基礎、生きる力、世界の肯定となるからである。であるからには、家族の根本機能とは、人のかけがえのなさを体験することにある。そして、この体験を可能にすることにおいて、家族に優るものは、他のいかなる集団、組織にもない。したがって、家族の価値はこの一点にかかっている。これが達せられるかぎり、未だ、家族に代わって愛の体験を可能にするものがない以上、家族の存在意義は自明であるといえることになる。

4　父であること

父と子の生理的関わりはない。父親は子どもを産まない。これが母親との決定的違いである。もっとも、二人の男が分担して父親と母親の役割を演じ合い、子どもを育てることはできる。だが、男であって母親を演じ、かつ母親であることを生きることは至難であろう。

人類は性に基づく身体の差異に立って生活を豊かにし、文化を創造してきた。社会は、老若男女が相補しつつ紡ぐ織物である。かりに、一方の性のみで構成される社会があるとすれば、それはいかに不毛なものになるか想像に難くないであろう。

かつて、カール・バルトが語っていたことであったが[16]、自然に基づく自己の性は定めであり、それを自己の身として引き受け、その性を生きぬくことが求められる。したがって、自己は男であるか女であるかのいずれかを生きねばならない。性染色体の僅かな異形によって性が不確定になった人であれ、その人は自らの性を問い、ときには性の転換を医学を用いて計り、性を確定するのである。

かくして、性は自然性であるが、自己の性は実存的投企である。いったん、自己の性を決意した者は、その性をうとましく思うとか、他の性に変ろうと思うことはない。この人にとって、性は宿命であるということを越えて、恵みとなるからである。

人は親を選ぶことができないように、自然としての性を選ぶことができない。そして、人は実存の自由においてそれを良しとするのである。そうであるからには、男が母親の代りをすることはできるが母親になることはできない。「母親である」ことを代行することと「母親を生きる」こととは別のことである。

このことは女性にもいえる。女性もまた「父親を生きる」ことはできない。女性は女性であることを否定できないからである。

もっとも、文化人類学の知見によれば、男性と女性、父親と母親の役割が、一般に知られている世界のそれと逆になっているところがある[17]。だがここでも、性による生きかたは定められているのである。これは文化の違い、自然に対する解釈の差異であって、自然の否定ではない。おそらく、これとても、男女の自然性にかなう在り方へ転換される時が来るであろう。

人が生きるとは、地球が生まれて以来四十六億年の歴史が造りあげた自然性を生きることである。遺伝のメカニズム、すなわち三十億対の塩基の配列を解明して、かりに自己の性を自由に変換できる時が訪れたとしても、性が実存によって輝くことに変わりはない。それゆえ、恣意によって自己の性を変換することがあるとすれば、それは性を不毛にし、自己の生を貧しくするであろう。

父であるとは、自己の性を肯定し、子どもの発育と成長に責任を負う者のことである。ただし、母と違って、父と子の関わりは間接的である。父と子の間には自然かつ生理的なものはない。人類が性の交りと出産の因果関係を知ったのはいつの頃であったのか。生まれた子は特定の男性のものであると気づいたのはいつであったか。それを男性が知ったとしても、父と子は間接的関わりしかもたない。それゆえ、父親は母親に比べると、自分の子でない子どもをも養育でき易い立場にある。

かくして、父親である者は子どもから離れて遠くにある。父親は子どもに忘却され易い孤独な存在である。これは、父親が子どもから自由であって、子どもとの情的で親密かつ感覚的な結びつきをほとんどもたないことを意味する。

孤独、自由、間接的であるということは、社会集団や精神の気圏を生きることである。父親は、妻が生んだ子を信頼によって受け入れ、社会集団の秩序と規範を体現する者として子どもの前に現れる。そのために、時にはわが子を殺すことを辞さないところがある。アブラハムが子のイサクに示したように、父は子に対して生殺与奪をも可としたのであった。これは家父長制社会に典型的な現象であるが、このことは父と子の関係の在り方を語るものであって、母と子の間には生まれない。

父もまた母と同様にその自然に則って生きる。父は意志し、忍耐し、決断する。思惟し、集団の規範・決定に従い、計画し、目的を遂行する。視線を遠くへ及ぼし、目標を定め、事態を把握し、限られた時間のなかで手段を選び、獲物を仕とめるといったことは男性の身体性による。子どもは四歳近くになって父親の存在を目にとめるようになる。それは、子どもの運動能力が高くなって行動範囲が広がり、そのうえことばを覚えた結果、感覚を生きる母親の世界を狭いと感じ始めたからである。

育児が父母分担になったとしても、やはり父親は母親よりも子どもから遠い。父親は、その身体性において、角張った体型と堅い筋肉をもち、低い濁った声、鋭いまなざし、直線的な行動、立ち振舞、仕草において母親より遠くにある。可愛いらしさにおいても母と子は近いが、父と子は離れている。

子どもにとって、父親は遠くに住んでおり、遠くから母と自分のところへ訪れる者である。子どもは、三歳を過ぎた頃から母親に対しては、わがままを言う、すねる、悪態をつく、母親が困る行動を取る、などするのであったが、父親にはしない。父親は、甘えたり、反抗したりする対象よりも、母親の世界から子どもを遠くへ導いていくリーダー、神話に現れる英雄のような存在である[18]。したがって、父親は子どもの憧れであり、畏敬される者であって、反抗するには余りにも超絶的なのである。父親が反抗される者となるには十年後、思春期を待たねばならない。

子どもが四歳を過ぎると、父親は一層巨大なものに見える。父親とは権威ある人、なんでもできる万能の人、遠い世界の代表者である。父親が、自分を抱いてくれる母親を持ち上げる力に子どもは驚き、恐い犬を追っ払うのに畏敬し、無数の文字から成る新聞を読んだり、自転車を修理したりするのを見て感嘆する。子どもにとって、お父さんとは、大きくて、何でも知っており、何でもできる人のことである。この父親が自分と母親のところへ訪れるのを子どもは待ちわびるのである。

子どもは、長ずるにつれて、父親が社会的存在であることを知るようになる。父親が生きる世界は、善と悪、正と邪、真と偽、支配と権力、強者と弱者、勝者と敗者、安逸と労苦が織りなす世界である。父親はそこに生きそこから子どもの家へ回帰する。それゆえ、教育の観点に立てば、子どもにとって父親であるということは、父親が自らの世界を生きぬき、その世界を生きていることを身を以て証すことである。そして、父親が子どもに対して直接なすことといえば、ただ、まさかの時の助言、忠告であって、そのためには子どもと対決することも辞さないということである。

やがて、子どもが大人になり、大人である者として生きるようになったとき、父親は責任から解かれる。父親の任務は終ったのである。

ヒトの子は母にも父にも終生愛情をもって世話をすることができる。日本ザルやチンパンジーであれ、老いかつ病になったときには自分孤りで生きるのであって、子どもが親を見ることはない。それは、種の保存という観点に立てば当然のことである。ヒトにおいても、生存を左右するような厳しい環境の下では、老いや病の者は放棄され易い。

とはいえ、平穏な時にわが親を放棄することはない。ヒトという動物は、恩、感謝、愛といった精神的働きによって種の保存という生理的レベルを越えることができる。

もっとも、父と母にたいする子どもの関係は一様ではない。

父であるということが子どもの自立に責任を負うことであるからには、この責任は終生続くわけではない。これは完了する。それによって父と子は互いに解放され、対等な、人と人との関係に入る。ところが、母親に関しては、その自然性が生み出す情的関わりのために、密着した関係が持続される。母親にとって、子どもは自分がお腹を痛めて産んだ私のものであり、それゆえ、母親は子どものためにはいかなる不条理もいとわないところがある。このため、母の下では子どもが負うべき責任は吸収されてしまう。

このことは、母と子は未分化のまま終りやすいということでもある。心身に傷害のある子の行く末を案じて、子を殺害することもあれば、心中することもある。さらには、他人の子と比較して、その子を排除したりもする。

現在のように、社会が生産と消費のサイクルで働いていて、そこを生きるために競争が激化している情況では、父親は家族から離脱しており、母と子は密室に近い家屋で暮らすことになる。ここには地域集団、他者、いわば私に対する公的なものは消去されている。母親は、かくして「私」

が肥大した家で子どもと過ごす。

本来、母親になることは自然的であり、その点で、父親になることよりも容易であった。したがって、かつては良い父親よりも良い母親を多く見ることができた。しかし、今や、いずれの親も姿を消しつつある。

5　危　機

家族の教育的課題は、自己の生命を賭けても守るべきものがあること、そのようなかけがえのないものがあることを体験することであった。それは子どもにおいては、全存在を賭けてでも自分を愛してくれる人があるということによって、自分のかけがえのなさを学ぶことであった。これは人生の究極的価値を学ぶことに他ならず、これによって、人は世界が在ることの歓び、世界への信頼と愛を生み出すのである。したがって、「人はなぜ人を殺してはいけないのか」といった問いは、論理によって説明されるものではなくひとえに自己がかけがえのない存在として生かされてきたという愛の事実によって確証されるのである。

かつて、バートランド・ラッセルは、家族と学校とを対比して、現在のところ家族には様々な問題があるが、家族に代るものがないとしたのであったが、それは、家族が愛を体験する唯一の場であって、子どもの生育に不可欠と見たからであった[19]。

イスラエルのキブツのように、子どもたちが生活する寄宿舎（私たちの家）と両親が住む家（私の家）とが子どもの生活を構成しているとしても、それが拡大しないのは、キブツは物の生産に寄与するためのものであって、両親と子どもが共に生きることの中で愛を体験するということが満たされないからであろう。

近代以降、家族は人間が生き、人間になることを可能にする場でありつづけた。たとえば、ロックであれヒュームであれ、そう見たのであったし、アダム・スミスはこう述べたものであった。「家庭の教育は自然の制度であり、学校の教育は人間が企画したものである。いずれが最も賢明であるかは言わずとも明らかである。」[20] さらに、現代では、ランゲフェルドがこう語っていた。「第一に、学校はただ多年の家庭教育のあとに始まるということ、第二に、両親には本質的に両親がしなければならない両親の仕事があり、両親が責任をもって達成すべき多数の課題と注意すべき問題点をもっているということである。」[21]

そして、また、ヴァン・デン・ベルクはこうも語っていた。「子どもを育てるということは、母親にとって至極単純なことなのである。というのも、通常彼女はそれに必要な才能はすべてもっているからである。もし彼女の母親としての仕事に心理学の助けが必要なら、第一のアドバイスはつねに『当然だと思えることをやりなさい』であって、つぎには『それらのことを、ごく自然だと思えるふつうの仕方でおやりなさい』ということである。」22

ベルクもまた、家族、とりわけ母親の大切さを説いたのであった。

ところが、現代の家族は教育の根本である愛の体験を排除する方向へ動き始めている。児童虐待がその典型である。この虐待は母親によってさえもなされる。ここには幼子を抱く聖母マリアや子守り唄に語られる母と子の慈愛の対極がある。ここでは人間のかけがえのなさに致命的な打撃が加えられ、子どもの心に世界への不信と憎悪、絶望の種を播く。

このため、子どもたちは、その生命を保護されるため、親元から離され、公的な施設へ移される。だが、施設が愛の体験を与えることは難かしい。親の下で地獄を味わった子どもを回復させるには、それを越える愛のエネルギーが求められるからである。施設は子どもを心身の傷害から守ることで精一杯なのである。したがって、家族は愛の体験を可能にする場として評価されねばならないであろう。家族は解体されるのではなく蘇生されるべきであろう。

家族が家族でありうる所以は、そこに暮らしがあるということである。暮らしとは共にあること、寝食が共にされ、対話と出会いに生きることである。

もっとも、現代の情況は暮らしから遠ざかっているのであって、母親はわが子を育てるのにストレスを感じ、抑圧されていると思うところにまで来た。

かつては、子どもは大人たちを愉しませる存在でもあった。想えば、後白河院の撰になる梁塵秘抄は、「遊びをせんとや生まれけむ　戯れせんとや生まれけん　遊ぶ子どもの声きけば　わが身さえこそゆるがるれ」と謡って、子どもの生を享受していた。また、ヘアー・インディアンは、自分の子どもが育ち上がると他の家族から子どもを借りうけ育てるともいう[23]。子どもは家族の者たちに喜びをもたらすからである。

子どもは文明や文化の枠から外れた自然的存在である。子どもは、大人の目的や計画のある生から離れていて、日々を気ままに遊ぶ存在である。したがって、大人から見れば、子どもの生は無意味かつ無駄なものに映る。だが、このことが、組織と規制、約束と義務、結果と責任を生きる大人たちの生に一陣の涼風となって、気持を和らげ、自由な解放された気分を醸すのである。よって子どもがいるところには笑いと歓びが満ちる。子どもは幸いをもたらすものであった。

しかしながら、他方では、子どもは大人たちの生活にとって負の価値にもなった。子どもは、ききわけのない、わがままな存在、動き回って部屋中を荒らし、物を壊す乱暴者、排泄、食事などあらゆることに世話をかける厄介者、無駄、無意味なことを終始仕出かして大人を困らせる愚か者でもある。

子どもをこのように見たとき、母親にとっては、育児は労苦とストレス以外の何ものでもない。物質的に豊かになったにもかかわらず、現代の社会では育児の労苦は重い。それは、家族の機能が合理性ないし能率化に集中したからであろう。合理や能率はある目的を達成するために最短の道を選ぶということである。いわば時間の短縮がそれである。

現代の文明は、エンデの『モモ』が語ったように[24]、時間をあたかも金銭を求めるかの如く追い求め消費する。大人たちは、もはや、時間の内に生きることができない。金に追われるように時間に追われている。

子どもは、本来、このような時間の追求に立ちはだかる者である。子どもは大人たちに抗議する異端者として登場する。かくして、大人たちは「もう子どもはいらない」「一人でたくさん」と思うことになる。

ここには、子どもと共に生きることを歓び、子どもと共に学び、なお子どもから学ぶという生活はない。

かつて、乳幼児の死亡率が五十パーセントを越えていた時には、親たちにとっては、子どもはやがてこの世から立ち去るものであって、それゆえ、何とか子どもに食べさせておけばよかったであろう。大人たちは、こどもの将来を思い、どのような人間に育てようなど考えもしなかったであろう。ただ、子どもと共に日々を暮らすことだけがあったのである。

ところが、現代では、いったん生まれた子どもはまず亡くなることはない。いつ立ち去るかわからない存在から、子どもはいつまでもここに居坐る存在になったのである。この時、大人たちは子どもを自分たちの社会へ速く導き入れようとし始める。子どもに行動の仕方を教え、能力をも形成しようとする。能力とは合理や能率すなわち時間を短縮する技術的能力である。いわば、この能力は理解や反応の速さである。

子どもの能力をこのように一義化したとき、親はわが子と他の子とを比べて、能力の優劣を見ることができる。これは育児に競争の原理を導入する余地をつくった。育児がわが子と他の子どもとの競争において進められる。

親たちは、わが子の将来を想い、わが子が高い社会的地位を得、金銭に恵まれた生活を享受できるようになることをひたすら望む。こうした将来のために、子どもは、子どもであることを拒否され、人と共に生きることができなくされる。子どもは、受験競争に勝ち抜くために現在を耐え、母親もまた勉強の支援に専念する。これは母と子に途方もない負担を強いる。母親は育児に強迫的になって不安といらだちにさいなまされる。児童虐待の心理的基因が醸成されてくる。

親にとっては、手のかからない、親のいうことに従順である子どもが良いのであった。このような子どもは親の意向どおりに作られ、受験競争に勝ち抜く適材といえるからである。ここで、子どもは共に生きる存在から作られる素材へ変えられたのである。

親たちは、子どもの自立、自主、自発を語りながら、それを素直さや聞き分けのよさの中に同化させようとする。すなわち、親の要求にそって、自発的に勉強することが大切だと子どもに説くのである。子どもがこれさえ守れば、いかなる生活、行動も寛容に見られる。

自立や自主が本来の意味から逸れて、親の意志に進んで従う謂となり、自由とは勉強でない、解放の時、すなわち気晴らし、遊び、休息となる。自由は自立から離されて、たんなる気ままな遊びとなる。もちろん、これとても勉強の合間にあることであって、親の管理の枠の内におかれている。

現在の子どもはかつての子どもではない。これは鋳型に流しこまれて作られる素材と見られ、大人とは別枠に入れられる。子ども向けの衣服、食事、娯楽がつくられ大人とは一線を画される。かりに大人と同じ情報を受け、娯楽を享受するとしても、こと勉強に関しては従順に学ぶように強いられる。

かつて、子どもを大人の世界の外におくことによって、子どもを素材と化し、大人のために利するというのではなく、むしろ、子どもの独自な世界を認め、守ろうとする試みもあった。周知のように、ルソーはその典型であった。ルソーにとって、子どもは人間として生きねばならないのであって、将来、大人になって働くための準備、予習を生きるのではなかった。もし、大人のための準備であれば、子どもの時はかけがえのないものではなくなって、ただの過ぎ往く時間にすぎない。

子どもには子どもの時がある。この時は再び訪れることのない一回切りの時である。この時を生きることが人間であることの基底である。よって、子どもはこの時を生きねばならない。子どもは将来大人の社会に役立つ素材ではなく、子どもの時を生きる存在であると見たとき、大人と子どもは日々を共に生きる歓びを共有することができる。

　ルソーは、自然もまたヒトの目的に利用される素材としてではなく、自然があること、ヒトと自然とが共に生きることを願ったのであった。それゆえ、ヒトの子は自然の中で自然と共に生きることが大切なのであった。よって、ルソーは自然のなかでの身体の訓練を説いて、こう語った。「感覚を訓練することは、ただ単にそれを使うということではない。それは感覚によって、よく判断することを学ぶことを意味する。それはいわば感じ方を学ぶことだ。」[25]

　子どもは自然のなかで自然と共に生き、人間の感覚を育むのである。したがって、大人にとっては自然である子どもと同様に、自然そのものも人間を豊かにするのであった。

　ルソーに多くを学んだフレーベルは、子どもが大人たちの通俗的な生活を打ち破ることに着目して、こう語った。「両親たちよ。われわれに欠けているものを、さあ、それを、子どもたちから得ようではないか。かれらから、それを手に入れようではないか。われわれがもはや持っていないものを、すなわち子どもの生命が持っているところのあのあらゆるものに生命を吹きこみ、あらゆるものに形象を与えてゆく力を、それを、われわれは、子どもたちから、学ぼうではないか。かれらの生命のかすかな警告にも、かれらの心情のひそかな要請にも、耳を傾けようではないか。子どもに生きようではないか。そうすれば、子どもたちの生命は、われわれに平和と悦びをもたらすであろう。そうすれば、われわれは賢明になり始めるであろう。いや賢明であり始めるであろう！」[26]

これらの提言は、大人たちの教育に対する厳しい批判となった。ルソーもフレーベルも子どもを大人の世界の外に置いて、子どもを守るのみならず、子どもに学べと説いたのであった。それだけに、大人と子どもとが共に生きているところでは、両者の区別は不要になるはずであった。

現代においては、母と子の自然的な関わりは、子どもを素材と見立て、つくるという作用によって揺らいでいる。すなわち、家族の中で「共に生きる」ことと「一方的につくる」こととが相克している。前者においては共に喜び、悲しむといった共有する体験があるが、後者においては、母親が子をほめる、しかる、おしえるといった一方的な働きかけがある。後者は、それゆえ、働きかける仕方ないし方法が重要になり、効果を上げるため、たえず時間を気にかける。したがって、家族の中にあっても人は時間から疎外される。

母親にとって、育児とは子どもに働きかけ、操作するというある種の労働に変わって、このため、母親は厳しい負担を強いられることになる。ここには、子どもと共に在って、時を忘れ、時のなかに生きることがない。

かつて、ミンコフスキーは、「技術は発見によって時間と空間を征服せんと努めている。」[27]といった。時間・空間の征服とは、目的を速く達成することである。文明はこの目的へ向かって邁進する力である。そして、この力は人間の欲望に由来する。目的を速く達成したい、望むものを速く手に入れたいというのは人間の自然的欲望である。文明社会はその欲望を充足するため、知を用いて組織と技術を作ったのであった。この社会は、組織と技術とをたえず更新し、それによって生産を拡大する。

こうして生産されたものはほとんどが時間・空間を短縮するために供される。さらにこれらのものも、やがて飽きられ廃棄される。新しいものがそれに取って代えられる。

目ざすものを速く手に入れたい、待つことができないというのは、確かに人間の欲望の一面であるが、いったい、これは何を契機に拡大したものであるか。時間・空間のかぎりない征服とは、かぎりなく働くことである。これは人類が経験したことのなかった新しい生き方であった。けだし、未開においては、このような生き方は皆無であった。ここでは人は衣食住に足りればそれ以上は望まなかったはずである。したがって、休みなく働くという生き方を選ぶには決意を要したはずである。

働くということは、主として人間の物的欲望によるものであろうが、この欲望は、したがって、経済的活動を喚起するものであった。

この活動を促進したものといえば、ユダヤ人たちの金融業もあずかったであろうが、それを拡大した動因は、人間の欲望が、宗教の軛《くびき》から離れて、肯定され、物的豊かさを求めるようになったからであろう。そして、技術的知識の発達はそれを具体化したのであった。

物的豊かさの追求は、自己の生活に資するよりも、むしろ無私の精神によって働くことそれ自体を生きることへと変換される。デフォーの『ロビンソン・クルーソー漂流記』が語るロビンソンも、そういう人間ではなかったか。

働くこと自体が目的であるとすれば、それは信仰に近い。事実、この人びとのなかには、強烈かつ清純な信仰によって、ひたすら働くこと、すなわち勤勉と質素、倹約、節制、正直、友愛の生活を送る者たちがいた。周知のように、プロテスタンティズムを生きる人たちである。

この人たちの経済的活動については、トーニー[29]やヴェーバー[30]の著作が示すとおりである。それらによれば、この人たちは資本を蓄積して企業を起こし、産業を発展させ、富を社会に還元し、物的に豊かな生活をつくりだしたのであった。

もちろん、非宗教の立場から働くことを推奨した者たちもあった。功利主義思想の先駆者と目されるヒューム、その友人であったスミスたちは勤労によって等しく人びとが生活を豊かにすることを説いたのであった。衣食住に足りた快適な生活は万人が望むことであって、ヒュームもスミスも、それを肯定し、かくあるために働くことは価値あることであった。スミスたちには、不労所得者である僧侶、貴族などの地主支配層への批判がこめられていたが、要するに「働け、より豊かな生活を求めよ」というのが、とりわけ、道徳哲学及び経済学を探究したスミスの主旨であって、これが幸福の途となるのでもあった。

もっとも、ヒュームとスミス、そしてベンサム、さらにその衣鉢をついだジェイムズ・ミルやスチュワート・ミルにおいても、富とは奢侈品ではなく生活の必需品や資本財であった。たとえばヒュームはこう語っていた。「できることなら各人は、すべての生活必需品と多くの生活便益品とを十分もつことによって、自分の労働の果実を享受すべきである。」[30] 生きるために必要なものを得ることが幸福の条件であった。

ところが、ひとたび動き出した欲望は限りなく拡大する。プロテスタントの無私の精神もやがて私的欲望に吸収される。欲望のさらなる充足のため生産が際限なく続けられる。生産は、時間・空間を短縮する道具や器機の生産へ拡大する。これには果てがない。それゆえ、生産がとどまることはない。

マルクスは、こうして出来上がった資本主義社会の矛盾を指摘して、この生産が行きつくところは各国の間に生じる戦争であると警告した。マルクスによると、生産されたものは買われねばならないが、技術の進歩によって増大した生産物は国内では消費できず、不況を招来する。それゆえ、国家は生産物の材料となる資源と生産物を販売する市場を海外に求める。それはアジアやアフリカであって、これらの地域は植民地となり、ついにはそれを奪い合う文明先進国の間で戦争が起こる。これが資本主義国家がたどりつく必然的な道行きであって、その終着は国家の破滅である、というものであった。

この道は日本が歩んだものでもあった。日本は、西欧の近代国家に遭遇したとき、早くも戦争の備えをしたのであって、明治六（一八七三）年一月、徴兵令を布告したのであった。

本来、国家はその機能の一つに戦争力を有しているのであって、富国と強兵とはセットであった。だが、二つの世界大戦のあと、国家の生滅をかけた大規模な戦争は減少した。経済・交通・通信が拡大して、国家の枠を越えて人的交流と経済活動が広がったためである。国家の枠を越えるとは、国家から個人が析出することであって、この個人は、自由に行動して私的欲望を充足しようとする。こうして、大衆が出現する。

この大衆は国家主義下における大衆と同じではない。大衆は私的欲望を動因とするものであるが、新しい大衆は、国家ではなく、あふれ出る情報宣伝によって私的欲望を刺激され、形成され、快適さを求めて購買に駆り立てられるものである。この大衆は国家に集中するのではなく国家から拡散される。

だが、衰えることのない大衆の購買力は生産の上昇になって、国家の富をもたらすのであった。資本の側は、宣伝によって新しいイメージの商品・生産物を大衆に投げかけて、大衆の欲望を造成し、購買の増大を計る。そのためには、勤労者の賃金を上昇させるのもいとわない。これは購買力を増して利潤となってかえるからである。

かくして、生産と購買・消費が循環するサイクルが出来上がる。国家はこのサイクルを支持・促進する。

このサイクルにおいて、最大の動因となっているものは時間・空間の短縮である。ゆえに、そのための機器の生産・販売が主力となる。家族も教育もこのサイクルに吸収され、効率や能率、合理が価値とされ、そのための消費は美徳とされる。

親たちは、子どもが、将来人並以上の購買力をもって快適な消費生活が送れるように望む。これは、受験競争に耐え、強力な学閥をもつ大学に進むことによって保障されると見る。これが、自己の財を築き、社会的地位を上位におく戦略であった。この戦略は確率の高い、一般的なやり方として親たちはとらえていた。したがって、立身出世主義が教育に介入し、教育はその手段となっている。

しかしながら、私的欲望・時間空間の短縮・生産・消費という不断の運動は破綻の道であった。家族においては、共に生きることが困難になり、物的豊かさのなかに児童虐待を産んだ。これは自己と他者との疎外の極である。国家間の大規模な戦争は起こらなくなったが、自然が破壊され、大地と水と大気が汚染された。自己と自然の疎外である。さらに、スミスが指摘し、マルクスが鮮明にしたことであったが、働くことの疎外である。

スミスはこう語っていた。「分業が進展すると、労働によって生活している人のはるかに大部分、すなわち人民の大集団の仕事が、非常に単純な少数の作業に、ときには一つか二つの作業に限られることになる。ところが、大部分の人びとの理解力は彼らの通常の仕事によって必然的に形成される。一生を少数の単純な作業をすることについやし、それらの作業の効果も、おそらくつねに同じかそれに近いものであるような人は、様々の困難をとりのぞく手だてを見つけようと、彼の理解力を働かせ、発明力を発揮させる機会をもつことができない。そういう機会がないからである。したがって、彼は、自然にそういう働きの習慣を失い、人間としてなり下りうるかぎり、次第におろかで無知になる。彼の精神はまひして、いかなる理性的会話を楽しむことも、それに参加することも、いかなる寛大、高貴な、やさしい感情をもつことができなくなる。その結果、日頃の私的生活の義務についてさえ、多くの場合、何ら正しい判断を形成することができなくなる。」[31]「このことは、あらゆる進歩し、文明化した社会の労働貧民、すなわち人民の大集団が、政府がそれを防ぐ何らかの労をとらぬかぎりは、必然的に陥るに違いない状態なのである。」[32]

スミスに倣って、マルクスは次のように語った。「労働者は生活上けっして欠くことのできない対象のみならず、労働の対象までうばいとられている。まだこれだけではない。労働そのものまで対象になりさがる。」[33]

働く者は自分が作った物から切り離され、作る行為からも、そして他者からも切断をされる。働く者は自分が作った物を通して語ることはできない。ここでは他者との対話が消滅する。「かれはそのために労働をいとなむあいだ自分が肯定されていると感じるどころか、否定されていると感じている。かれは幸福を感じないで、不幸を感じる。自由な肉体および精神的エネルギーを発揮しないで、かえって肉体をそぎ、精神を破滅させる。だから労働者は、労働をはなれて、はじめてわが身にかえったくつろぎを感じ、労働にはいるや、わが身をはなれたよそよそしさを感じる。かくて、かれの労働は自由な意志の発露ではなく、むりじいされた労働である。労働はかれに固有な労働ではなく、他人の労働である。労働はかれに所属せず、かれは労働のうちに自分自身を見出さない。」34

これは労働の疎外である。本来、働くことが喜びで、それが人間性を豊かにするというのが理想であろう。ヘーゲルはそれを示したことがあった。

「労働は形成する。ほかでもなく労働している人にとっては、対象は自立性をもっているのだから、対象に対する否定的関係は対象に形式を与えることになり、永続させることになる。この否定的な媒語、言いかえれば形式を与える行為は、同時に個別性であり、意識の純粋な自分だけの有である。そこでこの意識は労働しながら自分の外に出て永続の場に入る。だからこのため、労働する意識は、自己自身としての自立的存在を直観するようになる。」35

ヘーゲルにおいては、自己にとって対象は自己と向き合う否定的なものである。自己はこの対象を或るかたちに変えようとするが、対象はこれに抵抗する。そういう関係において対象は自己にとって否定的である。だが、自己は対象に或るかたちを与えることによって自己を具体的に表現する。すなわち「自己意識が自分自身を外化する」のである。もっとも、外化・表現されたものは自己に属しておりながら同時に自己に相対する独立した対象である。「この外化においては、自己意識は自らを対象として、言いかえれば、自独存在の不可分の統一のゆえに、対象を自己自身として措定する。」[36]こうして、自己は発展する。なぜなら、自己は外化されたものに対立し、それを否定することによって、新たな外化・創造を企てるからである。「すなわち、自己意識はこの外化と対象性をもやはり廃棄し、自分に取りかえしている。したがって自己の他在そのものにおいて、自己のもとにいる」[37]。

現在では、分業が拡大して単純かつ単調な作業が一般的になっている。熟練や創造力を求められる仕事は少ない。働くことが自己形成に連なりはしない。機械技術による分業の拡大は個人を孤人に、自己を自閉に転換する。知識は機器に内蔵される情報に変えられ、心と身体が分業のなかで乖離し、さらに心は知と情、理知と欲動に分裂する。

家族の解体はこのような流れの中で必然的に生じたのである。

6 蘇　生

家族の解体の危機は、人が心から望むのであれば容易に克服されよう。働くことの疎外については、高度の生産力を有する現在の技術を用いて、単純で創造的ではない作業はロボットに委ねることができる。そうすれば、一日の労働時間は数時間ですむことになり、たとえ嫌な作業であれ、数時間を越えなければ耐えられるものになろう。そうして生まれる余裕の時間は、自然及び人と共に生きる自由な活動に供されるはずである。

ちなみに、かつてラッセルはこう語ったことがあった。すなわち、「機械労働の多くがそれ自体興味あるものになることは、おそらく不可能であって」、それゆえ、「面白くない労働が人間の全エネルギーを吸いとるのではなく、多かれ少なかれ連続した活動のための機会が残る時間の間に在るべきだ、というのが本質的なことである。」[38]

ラッセルは、退屈かつ単調な労働は機械にゆだね、人間は創意にみちた仕事をするべきだというのであった。「機械生産の最終目標は、――この目標からわれわれはまだほど遠いところにいるのは本当だが――面白くない仕事のすべてが機械によって為され、人間が、変化と創意をもった仕事のためにとっておかれるような制度である。」[39] いわば、「技術的に進歩した社会では、ほとんどの人が、自分たちの幸福を、生計をたてていくための仕事の外に見出さねばならないのである。」[40]

かくあれば、父と母は家族と共に生き、その生の歓びを享受し、さらに人間及び自然との対話が促進されるであろう。人間を疎外するとされた機械技術は、自然と人間、人間と人間の共存のために生かされ、「共存可能な欲望」[41]が豊かになるであろう。

真に贅沢な消費生活とは、時間・空間の短縮、自然の破壊によるものではなく、世界と共に生きて在ることであろう。時間・空間の短縮すなわち征服は、果てのない労働生産であり、これは人間と世界の分裂、疎外、したがって、ニヒリズムの罠である。これに対して、真の消費を生きるとは、時間・空間の中を生きることである。それは時間・空間の内を生きること、よって、数量化された時間・空間を越えることである。それは、幸福な永遠の時空である。家族は、このような世界のなかで蘇生する。

注

1　河合雅雄『子どもと自然』岩波書店、一九九〇年、一六三―一九六頁。

　『森林がサルを生んだ』一九九二年、二一一―二七七頁。

　榎本知郎『ボノボ』丸善、平成九年、一七九―二一五頁。

2　河合雅雄『人間の由来』（上・下）小学館、一九九二年、参照。

3 河合雅雄『森林がサルを生んだ』前掲書、第十章。
4 E. M. Thomas, The Harmless People, 1959.『ブッシュマン』荒井喬・辻井忠男訳、海鳴社、一九八二年、八―九頁。
5 『ブッシュマン』前掲書、一八九頁。
6 榎本知郎『ボノボ』前掲書、七十六頁。
7 その実例として下記の書が見られる。
V. Peskov, Ermites dans la taïga, 1992.『アガーフィアの森』河野万里子訳、新潮社、一九九五年。
8 G. P. Murdock, Social Structure, The Free Press, New York, Collier-Macmillan Limited London, 1965, p.3.
9 榎木知郎『ボノボ』前掲書、一八六―一八八頁。
10 V. Pesdov, Ermites dans la taïga, 1992.『アガーフィアの森』河野万里子訳、新潮社、一九九五年。
11 河合雅雄『子どもと自然』前掲書、七十六―七十八頁。
12 M. J. Langeveld, Einen Vater zu haben, Zeitschrift für Pädagogik IX, 1963.『教育の人間学的考察』和田修二訳、未来社、一九七三年、一〇一―一四〇頁。
13 0. F. Bollnow, Die Pädagoglsche Atmosphäre.『教育を支えるもの』森　昭・岡田渥美訳、黎明書房、一九六七年、五十一―六十六頁。
14 B. Russell, The Conquest of Happiness, Allen & Unwln, London, 1968. pp.114-115. 1st ed, 1930.
15 B. Russell, Principles of Social Reconstruction, Allen & Unwin, Ltd. London, 1930. p.12, 1st ed, 1916.
16 K. Barth, Die Kirchlich Dogmatik.『キリスト教倫理（II）』新教出版社、一九七三年、四十七―四十五頁。
17 須藤健一『母系社会の構造』紀伊國屋書店、一九八九年、十四―十五頁、一三五―一五〇頁。

18 ランゲフェルド『教育の人間学的考察』前掲訳書、一〇一―一四〇頁。
19 B. Russell, Education and the Social Order, Allen & Unwin, 1951. pp.70-72, 1st ed, 1932.
20 A. Smith, The Theory of Moral Sentiments, The 8th, 1797, Vol.II, pp.78-79.
21 M. J. Langeveld, Disintegration and Reintegration of Pedagogy, 1958.『教育の人間学的考察』和田修二訳、未来社、一九七三年、十二頁。
22 J. H. van den Berg, Dubious Maternal Affection, 1972.『疑わしき母性愛』足立叡・田中一彦訳、川島書房、一九七七年、一五二頁。
23 原ひろ子『子どもの文化人類学』晶文社、一九七九年、六十九―七〇頁。
24 M. Ende, Die unendliche Geschichte, 1973.『モモ』大島かおり訳、岩波書店、一九七六年。
25 J-J, Rousseau, Emile, ou de l'Education 1762.『エミール、または教育について』平岡昇訳『世界の名著』第三〇巻、中央公論社、昭和四十一年、四一三頁。
26 F. W. Fröbel, Die Menschenerziehung, 1826.『人間の教育』荒井武訳、岩波書店、昭和四〇年、上巻、一一九頁。
27 E. Minkowski, Le Temps vècu, Paris D'Artrey, 1933.『生きられる時間』中江育生・清水誠訳、みすず書房、一九七五年、五頁。
28 R. H. Tawnay, Religion and the Rise of Capitalism, 1926.『宗教と資本主義の興隆』出口勇蔵他訳、岩波書店、昭和五十四年。
29 M. Weber, Die protestantische Ethik und der Geist des Kapitalismus, 1904-5.『プロテスタンティズムの倫理と資本主義の精神』梶山力・大塚久雄訳。
30 D. Hume, Political Discourses, 1972.『経済論集』田中敏弘訳、東京大学出版会、一九六七年、二十四頁。

31 A. Smith, The Wealth of Nations, The Modern Library, Randam House, New York, 1940, pp.734-735.

32 A. Smith, ibid, p.735.

33 K・マルクス『経済学―哲学手稿』三浦和男訳、河出書房、世界の大思想II―四、昭和四十三年、九十八頁。

34 マルクス、同上、一〇〇―一〇一頁。

35 G. W. F. Hegel, Phänomenologie des Geistes. 『精神現象学』樫山欽四郎訳、河出書房、一九六六年、一二一―一二二頁。

36 Hegel, 前掲訳書、四四一頁。

37 Hegel, 同上、四四一頁。

38 B. Russell, Principles of Social Reconstruction, George Allen & Unwin, London, 1930, p.140. 1st ed. 1916.

39 B. Russel, The Conquest of Happiness, Unwinbooks, London, 1961, p.98, 1st ed. 1930.

40 B. Russell, Portraits from Memory and Other Essays, George Allen & Unwin, Ltd, Lodon, 1956, p.201.

41 B. Russell, Human Society in Ethics and Politics, George Allen & Unwin Ltd, London, 1954, p.59.

第2章　学校の造成

はじめに

子どもの人間形成に影響するものに学校がある。近代になって国家が作ったこの制度が子どもの幸せに意味あるものであったか否かは多面的な考察を要するであろう。だが、ともかく子どもはある年齢に達すると、学校という空間のなかで長い歳月にわたって学習をすることになる。いわば、子どもは人生のうちの十年前後を学校に身をおいて過ごすのである。

それでは、学校という施設はどのような契機で始まり、どのような過程を経て現在に至り、それは子どもの成長にどのような影響を与えたのか。ここでの論述は、これらの問いをもって子どもと学校の関わりを辿る一つの素描である。

1　学校の発生

周知のように、日本国憲法二十六条は教育を受ける権利を謳っている。「すべての国民は、法律の定めるところにより、その能力に応じて、ひとしく教育を受ける権利を有する。」「すべての国民は、法律の定めるところにより、その保護する子女に普通教育を受けさせる義務を負ふ。義務教育はこれを無償とする。」これによれば、子どもにとって教育を受けることは権利であった。そして、これを踏まえて、教育基本法（昭和二十二年三月三十一日）は、第一条において「教育は、人格の完成をめざし、平和的な国家及び社会の形成者として、真理と正義を愛し、個人の価値をたっとび、勤労と責任を重んじ自主的精神に充ちた心身ともに健康な国民の育成を期して行わなければならない。」としたのであった。さらに、その第三条においては「すべて国民はひとしく、その能力に応ずる教育を受ける機会を与えられなければならないものであって、人種、信条、性別、社会的身分、経済的地位又は門地によって、教育上差別されない。」「国及び地方公共団体は、能力があるにもかかわらず、経済的理由によって修学困難な者に対して、奨学の方法を講じなければならない。」と語ったのであった。

また、教育基本法を受けて、学校教育法（昭和二十二年三月三十一日）は、第一条において「この法律で、学校とは、小学校、中学校、高等学校、大学、高等専門学校、盲学校、聾学校、養護学校及び幼稚園とする。」と規定したのであった。そして、満六歳から九カ年にわたる就学の義務を課したのである。すなわち「保護者（子女に対しては親権を行う者、親権を行う者のないときは、後見人をいう。以下同じ。）は、子女の満六歳に達した日の翌日以後における最初の学年の初から、満十二歳に達した日の属する学年の終りまで、これを小学校又は盲学校、聾学校若しくは養護学校の小学部に就学させる義務を負う。ただし、子女が満十二歳に達した日の属する学年の終りまでに小学校又は盲学校、聾学校若しくは養護学校の小学部の課程を修了しないときは、満十五歳に達した日の属する学年の終り（それまでの間において当該課程を修了したときは、その修了した日の属する学年の終り）までとする。」（第二十二条）、「保護者は、子女が小学校又は盲学校、聾学校若しくは養護学校の小学部の課程を修了した日の翌日以後における最初の学年の初から、満十五歳に達した日の属する学年の終りまで、これを中学校又は盲学校、聾学校若しくは養護学校の中学部に就学させる義務を負う。」（第三十九条）。

子どもは、国家が学校をつくって以来、学校のなかで人生のひと時を過ごすことになった。これは、憲法や教育基本法においては子どもの権利であるといわれる。とはいえ、このことは、自己の人生の一部を所定の時に割かざるをえないということであり、果してそれが権利であると素直に受けとられるものであるのか。さらには、これは子どもの幸福になることであるのか、それどころか不幸ではないか、という問いも生まれるであろう。

憲法や教育基本法は、ひとしく、つねに「国民の育成」を眼目にしてきた。これは国家が教育の主役として登場したからには、当然のことであろう。それゆえ、ここには、子どもの幸福、子どもの時と場の尊重といったことは等閑に付されるというのも諾うことができよう。

もともと国家は権力を有し、力と富を求めて社会の成員を自己の内へ導入しようとする。知識が増大し機械技術生産が拡大し始めると、国家は大衆に読書算の能力を求めるのであったが、大衆にとってもその能力がなければ人並に生きることが難しくなった。それゆえ、子どもが教育を受けることは、何はともあれ生存に必須な権利と目されもするのである。

このことは開発途中にある国々の教育を見れば明らかであろう。ここには、貧困によって学校に行くことのできない子どもは多い。子どもたちはそれでも学校に行きたいと望むのであり、それがかなわぬことは差別と称されるであろう。

わが国においては義務教育の就学率は一〇〇パーセントに近くなったとはいえ、まだ教育を受けなかった人びとはある。さらに、教育の内実を考えるならば、高い就学率は勉強する子どもの数の多さを表しているわけではない。不登校の子どもは年々増加の一途をたどり、いまや年間五〇日を越える長期欠席者は、児童・生徒を合わせると一〇万を越えるという。

この事実を見るならば、不登校の原因が家族、社会、国家あるいは学校そのものにあるにせよ、ともかく子どもたちにとっては学校は行きたくないところになったのである。

もっとも、学ぶとか学ばないとかいう学びそのものの自由、何を学び何を学ばないという学びの内容についての自由が子どもにあるか否かはともかく、読書算の能力を身につけなければ、この社会を生きることは容易ではない。生活の便利さを享受すること、知識を吸収すること、社会政治についての判断を正しくすること、職業に就くことなど、いずれもこれは読書算の能力を通して成就されるのである。

読書算の能力が人並に生きるために必須であることについては、経済的な理由などで義務教育で学ぶことのできなかった人たちを想えば理解が容易であろう。

夜間中学、ここには義務教育を受けることのできなかった満十五歳を過ぎた人たちが通っている。この人たちの数は年によって増減はあるが、多い時は五、二〇〇名、学校数八十七校に及んだという[1]。在校地域は、東京都、神奈川県、千葉県、大阪府、奈良県、兵庫県、広島県などにわたる主に大都市に多い。

夜間中学へ通う生徒は多様である。若者から高齢者まで本邦の人びとが大部であるが、在日韓国・朝鮮人、引揚・帰国者、難民なども含まれている。これらの人たちは労苦に耐え、様々な社会的制約や抑圧を忍びながら学校へ通う。ここで生徒たちが求めているのは、高い地位や富などではなく、人並の生活である。人並の生活をしたいとの渇望が、学ぶことを苦しみとするどころか、むしろ喜びに変える。生活の底辺を生きる生徒たちにとって、学校で学ぶことは生きる手立てのみならず幸いとなるのであった。

国家が造成した学校という制度を通過しなければ、現在では、もはや人並の生活をすることが難しくなっている。学校は生きるためにあらゆる人びとに不可欠になってしまったのである。こうして、子どもは学校という制度の中へ入れられ、制度としての「児童」「生徒」が作りあげられる。

この制度を正の価値と見るか負の価値と見るか、強迫や抑圧と見るか解放と見るか、いずれにせよ、現在では、大人も子どもも二つの極に引き裂かれる情況に立たされている。

かつて、わが国においても、開発途上国の子どもたちと同様に学校に行きたくとも行けない子どもたちがいた。この子どもたちにとっては学校は良いところであった。ちなみに、壺井栄の『二十四の瞳』が語ったように、学校は子どもたちにとって、牧歌的な雰囲気に満ちた楽しい場であることを示していた。ミュンヘンのシュタイナー学校もその類に入るものであろう[2]。少なくとも、子どもたちにとって、学較は緊張するところでもあったが、厭なところではなかった。学校は、子どもたちが厳しい労働から解放されるところでもあった。学校にいる間は子どもたちは親たちやその労働から自由であった。

だが、いまや学校は管理と規制が充満し、試験、成績競争がクラスを被い、あたかもベンサムが考案した一望監視塔をもつ円型監獄[3]のような状況を呈している。社会全体がそうであるように、家族も学校も合理性が貫く無機的システムへ変貌している。これは、国家による学校統制の帰結であり、富を追求する功利主義思想の集約であり、立身出世、学歴競争の到達点でもあった。

子どもを学校で学ばせるということは、もともと教育の先駆者たちによって説かれたものであった。たとえば、コメニウス、コンドルセー、アダム・スミス、ペスタロッチィなどがそうであったが、彼らはそれぞれの視点から子どもの教育を要求した。その場合、基本は子どもの立場から教育を説いたのであった。ちなみに、かのペスタロッチィは玉座にある者も貧しい生活を生きる者もひとしく教育を受ける権利があることを説いて止まなかった[4]。

イギリスの産業革命の最中にあったスミスは、これからの社会を生きるには読書算の能力が必要であって、そのための学校が労働者の子どもたちに開かれるべきだと語っていた。

「庶民は、文明社会ではどこでも、ある程度の地位や財産のある人たちのようにはうまく教えられないけれども、それでも教育の最も基本的な分野、読み書き・計算は生涯のもっと早い時期に習得できるので、最低の職業を身につけさせる見こみのある人たちでさえ、その大多数は、これらの職業に雇われる前にそれらを習得する時間はある。ごくわずかの費用で、国はほとんどの国民の全体にこれら教育の基本的な分野を習得する必要性を促し、奨励し、義務づけることができる。」[5]

先覚者たちによって子どもの教育が求められたにもかかわらず、政治の支配層がその必要性を感じるまでには長い時を要した。ティリッヒが語っていたが[6]、教育には凡そ技術、導入、人間性の教育という三つの機能があるのであったが、支配権力である王権、貴族層は、庶民たちに関しては、技術の教育は家族と地域共同体に、共同体への導入と人間性の教育は家族と地域共同体及び教会に委ねたのであった。そして、支配層自らにおいては、古典を中心とした教養の教育を家庭教師及び大学教育によって確保したのであった。それゆえ、支配権力が庶民の教育を考慮する気配はなかった。むしろ、庶民の教育は財政にとって無駄、浪費になるのであり、それは排除されて当然のことであった。

だが、それにもかかわらず、科学技術が起こり、機械による大量生産が進み、交通が拡大し、文字が普及するに至って、庶民は読書算の能力を求められたのであった。そして、ついに国家支配層も重い腰を上げることになる。当初は、学校は庶民への恩恵として計画されたが、後には学校は国家の安定と富国強兵のために活用される。

こうして、イギリスの初等教育法は一八七〇（明治三）年に成立した。これは一二世紀に生まれた大学に比すれば、七〇〇年の歳月を経ている。

わが国においては幕藩封建体制が三〇〇年にわたって続いたのであったが、その間、手工業生産が発達し、商業活動が進み、資本が蓄積されることになった。武士支配層にあって知識層が形成され、官僚組織に人材が登用された。こうして都市においては、学問、芸術、演劇などの多様な文化が開花したのであったが、これは自由な人びとを培うことにもなった。文字が庶民の間にも普及して、手習い以外のものを含めると、幕末には寺子屋の数は全国で三万を越えたという[7]。

都市の商人たちは計算する能力をもっている。この能力によってはじめて節約することができ、自由で先見性に富んだ計画を立て企業を起こすことができる。こうして経営者たちが蓄えた資本は新たな産業への胎動となったのである[8]。さらに、武士層は幕府や藩の官僚として治政に参与したのであり、この組織は近代的な国家の経営に資することになったといえる。

もっとも、わが国の政治経済体制はイギリスに百年有余にわたって後れており、明治維新とはいえ、未だ産業革命を知らず、絶対王制も確立していたわけではない。したがって、わが国の先覚者たちは欧米に伍するべく近代国家への脱皮を計ることになるのであった。たとえば、そこには鎖国の禁を犯してイギリスへ留学した長州の若者、伊藤博文、井上馨たち（一八六三）、薩摩の若者、五代友厚や寺島宗則たち（一八六五）があった。またそれより前に遣米使節団（一八六〇）があり、これには福沢諭吉（当時二十六歳）が加わっていた。福沢諭吉は同じく幕府による遣欧使節団（一八六一）にも参加していた[9]。

続いて一八七一（明治四）年には岩倉具視を大使とした欧米使節団（明治四年十一月から明治

六年九月まで）が海外に学んだ[10]。これは久米邦武が「特命全権大使米欧回覧実記」として公刊したのであった。一年半にも及ぶ政府首脳の海外見学は異例のことであったが、さらにそのメンバーの年齢も若いのであった。岩倉具視（四十七歳）、木戸孝允（三十九歳）、大久保利通（四十二歳）、伊藤博文（三十一歳）、福池源一郎（三十一歳）などに加えて、留学生として団琢磨、中江兆民、津田梅などがあって総数一〇三名であったという。使節団員の年齢は総じて三十歳前後であった。

わが国はイギリスより二年後れて、一八七二（明治五）年に早くも「学制」を発布した。ここにわが国の近代学校が開かれることになった。これは、明治新政府が欧米列強に対して後れを取り戻すこと、したがって国家の統一、富国強兵、そのための産業の発展、知識の普及、民族的自覚を求め、それをいちはやく達成しようとしたことによる。

学校の開設も国家統一、富国強兵の一翼を担うものであった。もっとも、学制の主旨は、その前文ともいえる「被仰出書」（太政官布告）の冒頭に「人々自ら其身を立て其産を治め其業を昌にして」とあるように、個人の立身治産であった。これは福沢諭吉の『学問のすゝめ』（明治五―九年）の教育観に連なっている。学問によって人は身を立て、名をあげ、産を為すのである。諭吉はこのために学問に励もうと、世間へ呼びかけたのであった。庶民の勉学意欲を喚起するものは、このような功利ないし功名心しかなかったのであろう。

国家は何はともあれ庶民がその子弟を学校へ行かせることを求め、強要しさえした。この点では国家の意志は先覚者のそれと同じであった。個人の独立、出世であれ国家の富強であれ、ともかくも学校での勉学がこれからの子どもには必須であると見られた。学校での勉学は封建的身分秩序から脱して国家に導入させるための重要な手段でもあった。

しかしながら、地域の住民たちは国家の要求に素直に応じたわけではなかった。学校教育に対して住民たちはとまどい、困惑したのであって、不満がつのり、茨城、三重、京都、岡山、福岡などでは農民たちが学校打ちこわしを行ったという[11]。

明治の初期にあっては、幕末以降家内制手工業が発展し、商業活動が盛んになったとはいえ、識字（読書算）への社会的要求は低かったのである。識字があってもそれを活用できる場はないのであった。むしろ、文字が読めるということは仕事に精が入らないことであると見なされ、恥ずかしいことであった。農山漁村の人びとにとっては、読書算など知らずとも十分に暮らしができたのであり、わが子を学校に行かせる意味が理解し難かった。むしろそれは理不尽なことであった。とりわけ女子については心身共に有害であるとさえ思われた。

生活の面からいっても、庶民は貧しく就学の負担は大きいのであった。学校のために子どもの労働力を取られ、高い授業料を課せられ、教科書を買わねばならなかった。そのうえ、生活の役にも立たぬことを学ばせられるのであれば不満がつのるのは当然であった。

このように、わが国の学校は庶民の生活の外に立てられたのである。当初は教育の内容も方法も子どもから遊離していて、従来の寺子屋の学習より効率は低かった。寺子屋と違って、一斉の授業形式は子ども一人ひとりの性格、能力、人間関係などに着目することを困難にした。子どもが互いに向かい会って学ぶ方式は消えるのであった。授業の型だけではなく教えられる内容も外国のものから借用された。子どもたちは一年生のときからローマ数字や幾何の図形や複雑な漢字（たとえば篩、櫂、鼎など）を教えられたという[12]。それゆえ、子どもにとっても難しく、面白くもなく、日常に役に立つことのない授業となった。

そのうえ、教材らしいものもなかった。東北の寒村では子どもたちは紙の代わりに桐の葉や木片をノートの代わりに使ったという。

政府の教育政策は遅々として進まなかったのである。一八八〇（明治十三）年に至っても学齢期の八割が下等小学校に行かないか、行っても一年半程でやめるという有様であった。したがって、同一学齢児童の二割位が下等小学四年を終えたのであった。

一八八七（明治二〇）年の調査は六歳以上で自分の名まえが書けない非識字者が多数いたという。それによると滋賀県では男子十三パーセント、女子四十七パーセントであったが、鹿児島県では男子六十二パーセント、女子九十四パーセントであったという。

もちろん児童・生徒を教育する教師の養成も滞っていた。たとえば中村正直らの尽力で明治八年東京女子師範学校（お茶の水女子大学の前身）が創立されたが、定員一〇〇名に対して入学応募者が少なく、入学合格者の学力といえば、やっと「小学読本」が読め、数学ではアラビア数字を知っているだけという程度であったという[14]。

女子の教育については否定的な考えがとりわけ地方の人びとに強くあって、その後千葉女子師範学校（明治十二年）等が設立されたが、いずれも入学者が定員に満たない状態であった。

女子教育に関する否定的考えは、地方だけでなく教育の指導者たちにもあった。因みに政府が関与する臨時教育審議会（大正七年）においてさえ、女子の教育が拡大することは国家の滅亡になるとの意見が出るのであった。

2　勉学のすゝめ

福沢諭吉の『学問のすゝめ』は文字どおり若者たちの勉学を勧めたものであった。そこでは個人の自立、独立が説かれ、それを可能にするのは学問によるとしたものであった。

『学問のすゝめ』の基流にはイギリスの個人主義思想があった。それは庶民が個人であることに目覚め、自尊の心を培い、自分の力によって世に出ることを願ったものであった。このためには勉学が不可欠であった。

欧米の文化と文明を体験し、その言語を学んでいた福沢諭吉はこのことを確信していた。個人、独立、自尊、自助、社会といったことは翻訳されたことばであり、一般の庶民には容易に理解され難いことであったが、要するにこれは、郷里を離れて都市に赴きそこの学校で学ぶことに尽きるのであった。

もっとも多くの人びとはただ学問をするというわけではなかった。人びとはそれによって何が得られるかを問うのであった。自立、自尊という高尚な見えないものではなく、もっと世間に通じるものが必要であった。それは立身出世いわば栄達と富であった。学問をすれば産を為し偉くなれるということが欠かせないのであった。志を立て世に出、学んで故郷に錦を飾るというのが立身出世の内実であった。

かつて中村正直はスマイルズの『セルフ・ヘルプ』（一八五〇）を訳して『西国立志編』（明治四年）として刊行したのであったが、これはもともと人びとの自立を説いたものであった。だが、これも栄達への欲求を高める刺激剤となったのであった。さらには、札幌農学校（明治九年開設）の教頭クラーク（明治十年帰国）が残した「少年よ大志を抱け」ということばも立志によって出世するという意へ解されるのであった[15]。立志と出世とは直接的に結びつくものではなかったが、わが国はそれを出世と結びつけることによって世俗的な誘因となし、勉学を普及したのである。以来、勉学をすれば偉くなるという功利主義的な理解すなわち学問の世俗的な受容が浸透するのであったが、真理あるいは真実の探求よりも栄達をえるものとして勉強が勧められるとはいえ、勉学の行き着く果ては世俗を越えた真理や真実であるということを知っていることとそれを知らないこととの間には大きな断絶があった。

元来、国家は世俗的なものであって、国家が押し進めるものが宗教であれ学問であれ世俗性を越えることは難しい。明治国家は勉学を勧めるためにあらゆる手立てを用いたのであって、庶民の功名、栄達心を刺激するのもその一つであった。たとえば、児童生徒たちが卒業式で歌う「あおげば尊し」もそうであった。これは明治十七年「小学唱歌集（三）」に載せられたもので、周知のようにこの歌の第二番は「身をたて　名をあげ　やよはげめよ」と詠っている。

教育は身を立てる財本、出世をもたらすものと語られたのであった。それは財を為し高い地位につくことであった。これは階層の高みに至り、国家の役人、学者、政治家になることである。もっとも、国家が功名心を煽り、勉学が栄達の途であると語ったからといって教育が普及したわけではない。就学率は依然として低いのであった。勉学への意欲が向上して、就学率が上昇するのは産業が発展し、中産富裕層が生まれ、知識や技術が生活に必須になる時であった。

一八七九（明治十二）年に「教育令」が公布され、「学制」は廃止された。教育令はアメリカの民主的地方分権に立つ教育制度に学んだもので、「学制」の画一的で中央集権的性格を改めるものであった。しかし、この制度は日本の実情に合わないと見られ、一年三カ月後に第二次教育令

（改正教育令）にとって代えられた。この法令は国（文部省）の干渉を強めて学校教育に対する中央集権的性格を顕著にしたものであった。

　こうして次第に教育の官僚統制が確立し、国家主義の教育が子どもたちの生活を変え、国家の中に子どもたちは引き入れられていったのである。

3　国家と教育

　国家、これを定義することは容易ではない。国家には絶対君主制国家、民主共和制国家、全体主義国家、軍事国家、資本主義国家、立憲君主制国家、社会あるいは共産主義国家など多様な名称が冠せられる。だがいずれにせよ国家とはある集団の単位であって、単位であるからにはそれを単位あらしめる力学が働いている。そして、この力は国家の内と外の二方向へ働く。内においては治安、秩序の維持であり、外においては防衛である。

　国民の自由、独立、経済的豊かさ、文化の成育、そのための教育が一国の独立と繁栄を真に可能にするとはいえ国家の草創期にあって、国の内外共に騒然たる物情に満ちているときには治安と防衛が先行することになる。

　明治政府は「学制」が出た年の明治五年、その十一月に徴兵の詔を出し、翌六年一月には徴兵令を布告した。軍隊を組織して国家の防衛すなわち戦争に備えたのである。それだけではなく、国家は統一を強化するため廃藩置県（明治四年）を断行し、国語を規定して方言を排し、神社を国家の下に位階づけ、地方の文化及び生活を旧弊とした。

かくして、子どもの生活は家族が生きる地域共同体と学校とに分けられることになった。ただ、当初は学校は子どもの生活の中に大きな比重を占めていたわけではなかった。学校は子どもたちがほんのひと時家族の労働から離れて過ごす時にすぎなかった。登下校に要する時間は仲間たちと遊び、自然にふれて道草を食う時であった。学校での学びは退屈な時があったとはいえ面白くないものばかりではなかった。子どもたちの知らないこと、学校でしかえられない用具、楽器、書物、教材、知識があった。たしかに学校は家族や地域共同体の生活、いわば日常性を離れたものであって、それゆえ非日常的で緊張を要し、威儀を正さねばならないところがあったにせよ、規則はゆるやかで管理や抑圧などとはおよそかけ離れていた。この点では子どもの生活は多様かつ多義的な活動に満ちていたのである。

この間、国家は着々と学校を強化してそれを富国と強兵に供しようとしてきた。そのための方策として明治政府はアメリカやイギリスから離れてドイツに接近する途をとった。ドイツは国の成り立ちからして日本と似通うところがあった。西欧ではドイツは後発国で、産業革命はイギリスよりも一世紀近く遅れ、領邦封建的勢力を温存したまま形成された。また西欧の家族のなかでもドイツの家族は日本の家族に最も近いものといえる。トッドの解釈によれば、家族は親が自由主義的か権威主義的か、兄弟が平等か不平等かの組み合わせで四つの型に分類できるという[16]。すなわち第一の型は親子関係が自由主義、兄弟関係では平等の「平等主義核家族」であり、これにはフランス、イタリア、スペイン中部など主にラテン系の民族圏が属する。第二の型は親が自由主義、兄弟が不平等の「絶対核家族」、これにはイギリス、デンマーク、ノルウェー南東部などのアングロ・サクソン系及び旧バイキング諸国が組する。第三の型は親が権威主義、兄弟では平等の「共同体家族」であり、これは主にロシアの家族に典型的であるという。第四の型は親は権威主義、兄弟は不平等の「直系家族」で、これはドイツ語圏の家族に見られるというのである。

この見方に従うならば、日本の家族はドイツの家族と同様に「直系家族」に組入れられるであろう。元来、わが国においては独立した自由で平等な個人もそれによって構成される社会も形成されていなかったのであり、それゆえ民主的国家といったものも遠い彼方にあって、一般の人びとには理解しがたいのであった。もちろん、個人や社会という言葉も福沢諭吉たちが苦心のあげく導き出した翻訳語であったことを考えれば、それが理解されえなかったのは当然のことではあった。

民主制ということであれば、ヨーロッパにおいては古代のギリシャやローマが経験したことであったが、わが国においては地方の共同体のなかで民主的な仕組がわずかに見られたとしても、政治全体のシステムになることはなかった。それゆえわが国においては、家族を土台にして国家を構想し、その中核に天皇をすえ、これを家族の長とする直系家族国家を構築する方が容易であった。これをさらに強固なものにするため天皇を神格化し、その思想的体系を儒教の家族的倫理で統括したのであった。

かくして一八八九（明治二十二）年には明治天皇によって「大日本帝国憲法」が公布された。いうまでもなくこれは国家の主権を天皇におくものであった。

その前、明治十九年には初代の総理大臣伊藤博文の時、文部大臣森有礼によって学校令、すなわち帝国大学令、中学校令、小学校令、師範学校令が公布された。この法令は教育に対する国家的統制を進めたのであったが、さらに明治二十三年に至って「教育勅語」が渙発され教育の根本目標が天皇に依拠し、ついに教育は天皇に直属することになった。

教育勅語は天皇が神に由来し、国家という巨大な家族の長であることを唱え、長であるがゆえに国民はその教えに従い、そのために働き、生きそして戦い死ぬのは当然のことであると諭すのである。

教育の国家主義化は明治二十七年の日清戦争を経てさらに強められる。それは戦勝によって国内の経済力が上昇して、国民の国家意識を高めるのみならず義務教育の普及を促したのであった。もちろん教育は子どものための教育ではなく国家のための教育であった。天皇の親政を強化するために教育は用いられたのである。したがって、教科においては忠君愛国を説く修身が最も重要な科目であって、修身の教科書の検定はとりわけ厳格に行われたという。

教科書についていえば、これは明治十九年に「文部大臣ノ検定シタルモノニ限ルベシ」となっていたが、明治三十年には小学校の教科書は「文部省ニ於テ著作権ヲ有スルモノナルベシ」と変わった。国定教科書の始まりである。その内容は天皇国家へ国民を統合するように作られていた。修身、国語読本、日本歴史、地理などはそうであり、とりわけ歴史においては事実が歪められ、神話を導入して虚構化され、物語となっていた。

国家による神話化された教育は学問の自由を抑え、科学的探求をも不可能にする。ちなみに明治二十五年東京帝国大学教授久米邦武は「神道は祭天の古俗」という論文を公にしたことがあった。この主旨は、神道とは古代の人びとが豊作になることを祈り、その恵みに感謝した習いに由るとしたものであった。ところが、これは天皇家及び伊勢神宮への不敬を表したものだと攻撃され久米邦武は辞職を余儀なくされたのであった。

教育においては古事記に見られる神話が史実として喧伝されて一般大衆に普及し、それが一種の集団的狂信ないしヒステリー症状を生み出していく。このエネルギーは国家の中央集権化を増々強め、経済力の発展と相まって児童の就学率を上へ押しやることになった。一九〇七（明治四十）年には義務教育の年限は六カ年に延びていたが、それでも就学率は九十七パーセントを越えるところまで来ていた。この点からいえば国家主義の教育は功を奏したのであった。

しかし、このことは子どもの生活のなかで学校の比重が増大したことであった。家族と共に働くこと、自然のなかで仲間と遊ぶことのなかに学校が入ってきたのである。こうして遊びと働くことが減っていく。そして、長期にわたって歴史と文化を生きてきた共同体が国家という人為的制度との出会いによって変容した。この制度は人びとの生活を圧迫し、父や兄弟の生命をも奪うまでに肥大する。国家による戦争がそれを課したのである。

4　戦争と子ども

国家とは本来戦争をする力を保持するものであって、それは機能の一つであるといえる。ゆえに国家は戦争の備えをする。このため軍兵の組織が強化され、武器の発明研究が進められ、それを生産するための経済の発展が企画される。さらに愛国心を高めるための教育が重んじられ、国語が確定され、文化と宗教にも手が入って国家への統合が計られる。国家はそのために莫大な予算をつぎこみ、国民の全エネルギーを国家の内に吸収する。

帝国主義、植民地争奪期の国家はその目的を一元化して、国民の総力を結集した戦争を可能にしようとしたのであった。よって、個人の栄達、立身出世は社会の人びとを幸せにすることによって成しとげられるのではなく、むしろ国家の栄光に尽くすことによって成就されると説かれるのであった。個人の欲求としての立身出世は国家への忠誠という一元的な目標に凝集されるのである。したがって、子どもの教科書には忠臣の武士や愛国の軍人が多数登場することになる。

一九一四（大正三）年の第一次世界大戦以後、わずかな時ではあったが自由な雰囲気が社会及び教育を被ったことがあった。子どもに対する新しい見方が生まれた。それは子どもの聖性、清純性という観念によって示されるもので、これは子どもの学びについての多様な理解を生み、これを実践する学校が開設されることになった。

かつてはスペンサーやミルなどが日本の教育思想に汲み入れられていたが、それがヘルバルト、ナトルプ、デューイへ移り、いまやモンテッソーリ、パーカスト、ケルシェンシュタイナー、シュプランガーたちの教育学が加わることになった。もっとも教育学とはいえ、わが国がそこから吸収したものは人間の思想や原理というよりも五段教授法、児童中心主義攻究的教授法、動的教育法などと称して方法化されたものであった。また制度としては成城学園、自由学園、明星学園、玉川学園といった新しい学校が創設された。これらの学園は型や規則のなかに子どもを導入するのではなく、子どもの創造性を育む意図をもっていた。さらに、鈴木三重吉が雑誌「赤い鳥」を刊行し、北原白秋が児童自由詩を提唱したが、これらの文芸・芸術活動は従来の子どもの生活に一石を投じることになった。とりわけ都市部で形成された中間市民層の親たちは児童の文学・芸術に賛同して、それを子どもたちに推奨したのであった。

しかしながら、このような自由教育運動も国家主義の流れには逆らいようもなかった。欧米の教育学を取り入れたとはいえ、その精神ではなく教授技術の移入にとどまっていたのであって、教師たちが技術や方法に精通すればするほど国家主義の教育を強化することになった。

児童の文化が花開いたといっても、それは都市であって地方の大部分の子どもたちに行きわたったわけではなかった。地方の子どもたちの生活は江戸期の農民の子どもと変わらないくらい貧しかったのである。

雪国東北の寒村を生きる子どもたちに眼を注ぎ、立ち上がらせようとした人びともあった。一九二九（昭和四）年、小砂丘忠義が雑誌「綴方生活」を創刊した。寒川道夫、成田忠久らが生活綴方運動を進めた。彼らは綴方を通して子どもたちに自分たちの暮らしを見つめ、考えることを学ばせたかったのである。

この運動は子どもたちの教育に一つの成果を収めたのであったが、一九三九（昭和十四）年の第二次世界大戦開始以降、国家の弾圧を受けたのであった。昭和十六年には寒川道夫らは治安維持法で逮捕されたのである。この年には小学校は「国民学校」と改称され、忠君愛国が説かれ、子どもの生活の要である方言の撲滅運動がなおも続いていた。学生の思想言論の統制も厳しくなり、学術書、芸術、文学、映画、芸能などすべてにわたって国家体制にそぐわないものは禁止された。もちろんこれにはジャズレコードも入っている。また、十四、十五歳の少年たちが教師らの指導によって満蒙開拓青少年義勇軍として大陸へ送られている。昭和十九年には学校は工場と化し、生徒は労働に従事し、満十七歳以上は兵役に編入された。子どもたちは連合国空軍の爆撃を避けるため田舎へ集団疎開させられた。もちろん学童の疎開は戦闘員を温存するためである。こうして、一九四五（昭和二十）年八月十五日、日本は無条件降伏をした。国家に翻弄された子どもたちであった。

5　民主主義下の学校と子ども

敗戦直後の教育情況は荒廃の極に達していた。教師たちは何を教えてよいかわからず、教材も不足しており、しかも極端な食料難に喘いでいた。「朝から何も食べていないので、腹が減ってとび箱なんぞ飛べません。」このような状態では体操の授業は中止する他はなかった。他の教科も同様であった。鉛筆も紙もチョークも不足していたのである。

一九四五（昭和二十）年、連合国最高司令官総司令部（GHQ）は修身、日本歴史、地理の授業の停止及びこれらの教科書の回収、それに教科書からの神道教義に関する記述を削除することを日本政府に命じた。このため教科書には墨がぬられ、紙が貼られ頁が切り取られたりもした。これらの教科書を子どもたちは用いたのであった。

一九四六年には第一次米国教育使節団が来日して軍国・国家主義を否定し男女の平等と個人の価値を尊重する教育の実現、中央集権的教育行政の改革などの理念を示した。そして一九四七（昭和二十二）に新憲法、昭和二十二年に「教育基本法」「学校教育法」が公布され現在に至ったのである。

わが国はアメリカの民主主義教育を擁して新しい学校制度をつくったのであった。民主主義の学校とは学校が民主的であることと同義である。この意味は、かってピーターズが語っていたことであったが、教育の平等、公平、機会均等、教師と生徒あるいは生徒と生徒とが共に対等な個人として組織のなかにあること、そして教育の内容が民主的なものであるということであろう[17]。したがって民主主義の学校は民主的な制度、民主的人間関係によって民主的な社会にふさわしい市民となるように子どもを育成するものである。

こうして、アメリカに習い単線型の学校制度が作られ、社会や家庭科の教科が出来、学級会や生徒会が生まれたのであった。とはいえ、明治期から培養されてきた立身出世への欲求が消えたわけではなかった。親たちは子どもの栄達を望んだ。それは、国家のためになることによって得るというのではなくなったが、高い地位につき富を得て楽な生活をすることへ向けられた。すなわち公的なものが私的なものへ変わっただけで、依然として世俗的な欲求は続いたのである。

世俗的な欲求を達成するための最も確実な方途といえば、やはり強固な学閥を有する伝統のある大学へ子どもを進学させることであった。学校制度が単線になったので、子どもにとっては教育の機会均等が生まれ、子どもたちは平等に同じスタートラインに立って、強固な学閥を擁する大学へ向かってひた走りに走ることになった。このため子どもの生活は受験という目標に絞られ、勉強をするということへ一元化される。本来、試験というものは子どもの学習の進歩を確かめ、評価し、励まし、教える者にあっては自己の教育方法を検討するためにあったのであるが、いまや試験は子どもの価値を値踏みする手立てとなった。

試験による競争が必ずしも悪であるというわけではなかった。競争では個人の能力を競うことにおいて、個人の責任でないもの、すなわち富や性別や親の地位、権力、人種を越えて個人の能力のみを見ることができる。たとえば、幕末期、私塾の教育者であった緒方洪庵や広瀬淡窓は学生たちに厳しい試験を課して競争をさせ、席次を決めていたのであったが、それが学生の価値を定めることにはならなかった。試験の成績は学生の能力の一つを見るものにすぎないことは教師も学生も周知していたからである。むしろ、競争試験は、当時にあっては封建的身分制度を脱して教育の平等を進め、勉学の意欲を高めるものであった。

だが、民主主義下のわが国の学校は民主的人間を育てるという目標を失って、試験の成績によって人間の差をつけるところに変わった。このためすべての子どもの生活が勉強という課題で色塗られることになった。子どもたちは幼い時から勉強部屋をあてがわれ、遊びといえば機器を用いた一人遊びに向けられた。時たま親たちと出かける外での食事やリクレーションが家族の紐帯として残った。ここには家族の暮らしがない。子どもから家族の人たちとの労働、自然、そこで遊ぶ仲間が消えて行って、これに比例して学校が比重を増したのである。

国家もまた子どもの生活を切り崩して子どもを学絞の中へ囲いこむのであった。わが国の学校は国家のものであり、かって国家は学校を用いて民族の統一強化、すなわち秩序の維持、産業の興隆、戦力の充実を進めてきたのであった。敗戦後、国は民主体制になったとはいえ国家はその目的を放棄したのでもなかった。国家は秩序を求め富を追求する。わが国は戦争を放棄したことによって富を増殖させ、経済的に豊かな中間知識層を登場させたが、この市民層は国家及び企業に身を投げ入れて富の追求に尽くしたのであった。立身出世への想いはこの中で持続するのである。

家族の者たちはわが子が進学することを望み、国家はそれを奨励した。それは知的及び技術的力をもった人材を確保し、生産を高め国の富を増すことに他ならなかった。いまや子どもたちは機械技術生産の恩恵によって飢え、栄養失調、寒さ、病気、苛酷な労働から解放されることになった。しかし失うものも少なくなかったのである。仲間や自然をなくしただけではなく家族の崩壊によって子どもは最後の寄りどころであるものを失いかけている。わが国は物質的に豊かである。わが国には何でもある。しかし、そのなかにあって心は飢えている。ここには希望がない。生きる歓び、生きがい、感動がない。思い出が生まれず、語るものがない。こうして、子どもはあらゆるものから疎外され、孤立した個体、自閉して窓のないアトムに変わり始める。

かくして、学校に対する批判が起こる。すなわち、現代の学校は子どもの学びを助成し人間性を豊かにするどころか、差別と排除によって社会にある差別と排除を再生産しているといったものである。のみならず学校は子どもの個体化、無機的な孤立にも加担しているともいうのである。たとえば、社会学のブルデュー、彼によれば学校という制度は目に見えない「社会的暴力」すなわち「象徴的暴力」であった[18]。またイリッチ[19]やホルト[20]たちは学校は子どもを抑圧していると見て、脱学校を唱えたのであった。また、ルソーやフレーベルの教育に依拠する人たちは子どもの自然、自由、人権を語り、学校が統制、管理によって非人間化を進めていると批判した。フロイトの心理学に立つ人たちも同様であった。

たしかに学校は子どもの暮らし、生きる時を奪い、その生を疎外するようになった。学校は大人になることのできない、自立からはほど遠い私人、未成熟な人をつくり出しているともいえる。これに比して戦前及び戦後経済復興前のわが国の学校には、まだ教師と子どもとの人間的交わりがあった。学校と親たちの間にはある種の緊張はあったが、教師と親たち、子どもたちとの人間的な触れ合いがあった。学校と地域の親たちとの緊張があったのは、日本の学校がアメリカのような地域住民の主導によって生まれたのではなくて、政治の上層から命令によって住民に課せられたからであろう。とはいえ、それだけに住民たちは上から派遣されて来た教師に敬意を払い、郷里から人材を産むことに使命を感じ、子どもの学びに協力するようになったのであった。それゆえ学校には子どもが在った。子どもにとって思い出となるような経験の場を学校はもっていた。しかし今や学校に子どもは存在しなくなった。子ども不在の学校が拡大しているのである。

子ども不在の学校が拡大しているのは学校そのものよりも親たちと企業及び国家にその原因が帰せられるであろう。学校が進学受験のための用具となり、偏差値による差別を生むようになったのは富を追求して止まない親たちと国家、企業いわば日本社会の在り様によるであろう。大量生産と消費と廃棄の経済システムは消費のための金銭を唯一の価値と見なし、金銭の多寡によってあらゆるものの価値を決めるようにした。したがって一人ひとりの人間の大切さ、自然の美しさ、世界を越えた聖なるものは姿を消していくのであった。

美しいもの、真実なもの、いわば究極的な価値への信が失せて、それを問うことも語ることもなくなったとき、人は不安に陥って生きるよすがを見失うのである。

多くの物品、便利な製品を得るべく熾烈な競争を続け、高等教育機関で学び、ついにはそれを可能にする高い地位、したがってそれに伴う高額の金銭を得ること、これが子どもたちに期待されている。それゆえ、この世俗的な欲望及び社会の在り方が根本から問われることになる。この問いによって学校は子どもの生きる力を培うことができる。

生きる力とはもちろん試験が示す成績ではない。生きる力とは自己と他者及び地域・世界に対して責任を負おうとする気力である。この気力は新しい学校によって育まれるであろう。この学校は家族と地域に関与して共同体的交わりを構築し、人間関係の濃密な生活圏を創生することによって、子どもの生きる力を培うものとなる。そのために、学校は子どもに多元的な価値を求め、多元的な機能をもったものへ変わらねばならないであろう。今や「学校は単なる基本的な事実や、それを扱う方法を学ぶところではなくなって、ますます一つの生き方を学ぶ場所になりつつある。」[21]あるいはそうなるべきであるというのが、子どもが生きることのできる学校の要締であろう。

注

1　江沢穂鳥『よみがえれ、中学』岩波書店、一九九二年、十五頁。
2　子安美知子『ミュンヘンの小学生』中公新書、一九七五年。
　『ミュンヘンの中学生』朝日新聞社、一九八〇年。
　シュタイナーの学校については前記の二書を参考にした。
3　岩崎孝雄『ベンサム功利説の研究』大明堂、昭和三十六年、第四章、三節。
4　ペスタロッチィ『隠者の夕暮　シュタンツだより』（一七七九年）長田新訳、岩波書店、昭和十八年、五頁。
5　Adam Smith, The Wealth of Nations, The Modern Library Random House, New York, 1940, p.736.
6　P. Tillich, The Church School in Our Time, — A Theology of Education, In : The Theology of Culture,

1959, Reprinted, 1975. Oxford Press.

7 中村紀久二『教科書の社会史』岩波書店、一九九二年、二頁。

8 資本主義精神の形成についてはウェーバーやトーニーの著作に加えて、ヴェルナー・ゾンバルト『ブルジョワ』金森誠也訳、中央公論社、一九九〇年を参考にした。

9 芳賀徹『大君の使節』中央公論社、昭和四十三年、一〇四―一三四頁。

10 今井宏『日本人とイギリス人』筑摩書房、一九九六年、六十八―九十九頁。

11 中村紀久二『教科書の社会史』前掲書、四十一頁。

12 同、二十二―三十四頁。

13 同、三十八頁。

14 唐沢富太郎『学生の歴史』創文社、昭和三十年、一一〇―一三六頁。

15 同、一九〇―一九一頁。

16 E. Todo, L'Invention de L'Europe, 1990.『新ヨーロッパ大全』I、II、石崎晴己・東松秀雄訳、藤原書店、一九九二年、一九九三年、I、四十二―四十四頁。

17 R. S. Peters, Ethics and Education, London George Allen & Unwin Ltd, 1972（1st published in 1966）, p.291.

18 ブルデュー・パスロン『再生産』宮島喬訳、藤原書店、一九九一年。

19 Ivan Illich, Deschooling Society, 1971.『脱学校化社会』東 洋他訳、東京創元社、一九七七年。

20 John Holt, Instead of Education, 1976.『21世紀の教育よこんにちは』田中良太郎訳、学陽書房、一九八〇年。

21 M. J. Langeveld, Disintegration and Reintegration of Pedagogy, 1958.『教育の人間学的考察』和田修

二訳、未来社、一九七三年、十二頁。

第3章　学校の子ども

はじめに

いじめという言葉は日常の生活のなかで用いられるものであったが、いまや社会あるいは学校の様態を表す特定の用語になっている。これはある現象を表明する概念として市民権を得たというべきであろう。想えば、本来、教育基本法を精神として成立した学校が、なぜいじめの象徴のようになったのか。このことは学校の基盤が崩れつつあることの証左ではあるまいか。

この章はいじめを手がかりとして学校の現象を解釈し、今後の課題を明らかにしようとしたものである。

1　語　義

いじめるとは「苛める」である。これは弱い立場にある者に、わざと苦痛を与えて快感を味わうとある（新明解国語辞典　三省堂）。それゆえ、いじめは「いやがらせ」と同義ではない。いやがらせとは「人がいやだと思うこと」をわざとしたり、言ったりすることとある。いやがらせは、相手がいやだと思うことをするのであるから、相手がいやがることは何であるか、すなわち相手の欠点や弱点を多少なりとも知っていなければならない。したがって、いやがらせをする者には、わずかながらも相手を知りうる能力が要る。また、いじめは「いたぶる」「さいなむ」「いびる」とも同義ではない。これらは「弱い立場にある人をいじめて、居たたまれないように仕向ける」とある。ここには、いじめと共通するものがある。だが、いじめは「快楽を味わう」のであるからその対象が居なくなると成立しないのである。それゆえ、いじめはつねに対象を求める。もっとも、いじめ、いやがらせ、いたぶる、には共通性はある。いずれも、故意に、弱者を対象に、苦痛を与えるということにおいて。そして、学校における「いじめ」は、いわゆるいじめを中心にいやがらせやいたぶるが重ね合わされたもので、それらの総称であると解される。

2 心的構造

いじめの対象は弱い立場の者である。それは、抵抗・反撃する気力や実力のない者あるいはいじめる側が多勢かつ匿名的であって、その結果、抵抗・反撃できない者である。したがって、いじめは一方的になされる。ここには、抵抗・反撃としての闘いはおろか、怨念や復讐心さえも形成され難い情況がある。

動物の世界にも一方的な攻撃はある。水槽の金魚、小屋のハトやニワトリなどによく見られるように、彼らは集団で弱者を徹底的に攻撃する。狼などは順位を争って闘うが、最下位の弱者は仲間たちから執拗な攻撃を受けることがあるという。しかし、これらの攻撃は「弱い立場にある者にわざと苦痛を与えて快感を味わう」ものではない。動物の攻撃は種の保存に関わる本質的なものに根ざしているのではないか。「いじめ」はそれゆえ人間に特有のものであろう。

さらに、いじめの対象になりやすいものは異質かつ特異で、周囲に同調しない者、余所者、広義には異民族、人種、階層や宗教の異なっている者など多様である。この場合でも、この人びとは抵抗することの困難な弱者に属する。けだし、彼らは個人としては強力であっても少数であるため、非力であるからである。

集団の中に異質なものが介在している場合、集団はその同一性を維持するために、同化・服従を迫り、それがかなえられないときには排除、迫害に及ぶときもある。ただし、学校におけるいじめは排除や迫害には至らない。いじめる者はつねにいじめる対象を欲する。したがって排除を望まない。いじめは信条や教義や自己同一性によるものではない。

いじめの心的構造は、かくして、目的意識を欠き、理由もわからぬ、あいまいなものに見える。いじめる側にとっては、いじめることそのものが面白く、楽しいのであって、それはゲームに近い。たとえば、幼稚園児がウルトラマンごっこなどをするとき、協調性のない子が悪者役に回されて、いじめの標的になることが多い。そこで子どもたちは、攻撃を楽しみ、力と優越と支配を誇示することができるのである。ここでは、悪いことをしたとか相手を苦しい目に合わせているとの意識はない。これはゲームなのである。

かつて、子ども集団の遊びがあり、その中で心身の働きのはかばかしくない子どもが損な役割につくことはあったであろう。しかし、それは遊びの中で偶然に生じることであった。ところが、いじめはルールなき遊び、したがって真の遊びとはいえない、疑似遊びなのである。始めから弱い子どもが標的になっているのだ。この子を中心に遊びが起こる。それゆえ、これは遊びのようであって遊びではない。現実と遊びの間にある不透明なものである。

いじめは対象（弱者）を排除しては成立しえないもの、対象を中心にくりひろげられる疑似ドラマ、いわばドラマもどきであって、これによって、子どもたちは退屈で単調な場を快感を生じさせる場へと転換するのである。

疑似遊びまたはドラマもどきとしてのいじめは、とくに学校においては、ドラマ然として明白に現われるのではない。これはひそかに行われ、あいまいかつ不透明な在り様しか示さない。しかも、このドラマもどきは、ドラマのように幕が降りることがない。対象があるかぎり、それは、ひそかに果てもなく続く。

こうして、いじめは見え難い。いじめは、自己同一性を保つための排除、迫害、制裁、物的欲望に対する脅迫、私的感情がからんだ憎悪、怨恨、嫉妬、支配権力の欲望が生み出す抑圧・攻撃などのように鮮明でも劇的でもない。たとえば司馬遼太郎の「故郷忘じがたく候」が語る、朝鮮からの来日の民・沈寿官、彼は鹿児島の中学入学の帰路、日本人の中学生たちの待ち伏せに会い、身体を損傷するほどの制裁を受ける。制裁は、学校の外で、鮮明に、ひとつの儀式的行為として、一過性的に行われる。これには終りがある。

ところが、いじめは、むしろ学校内で、集団によって果てもなく続く。他方、校外ではいじめは変容して、制裁、物品の強奪のための暴力等が生じやすい。本来、いじめと憎しみや嫉妬、物的欲望、権力争い、集団の同一性の確認などから来る暴力・迫害とは別の性質のものである。

また、学校におけるいじめはいやがらせではない。駐輪場の自転車をパンクさせておくのはいやがらせであろう。ここでは、相手が困っている情況を想って楽しむのである。したがって、いやがらせの対象は見知らぬ者であってもよいのである。これに対して、いじめはその対象である者が集団の中にいて、その表情や行動を見ることができるというのが前提である。けだし、いじめは疑似遊びないしドラマであって、そのドラマには主役であるいじめの対象があらねばならないからである。それゆえに、いじめは幼児によく見られる現象である。たとえば、幼児たちがひきがえるに石を投げている。かえるは脚が石でつぶれ、よたよたと草むらへ逃げようとしている。なおも子どもらは離れたところから石を投げ続ける。逃がすわけでもなく殺してしまうわけでもない。逃がしても殺してしまってもゲームは成り立たないからである。もちろん、石を投げ続ければ、かえるはやがて死ぬであろう。この意味では、いじめはいびる、いたぶる、さいなむへ変容するものである。しかし、いじめの特性は、まずその対象である主役と共にゲームを執拗に続けることにある。大人たちは、こうした子どもたちの行動を見て、子どもの残酷さや悪の存在を考える。だが、これは善悪以前のことであるといえよう。子どもたちはただ感覚的な快を楽しんでいるのだ。ここには、苦しんでいる生命との現実的な出会いはない。若者たちがホームレスの人びとに加える暴行もそうした次元のところにあるといえよう。

3 社会的構造

すでに「故郷忘じがたく候」において見たように、集団による制裁は、自己集団の同一性・統合のため、鮮明に、つまり匿名ではなく、人物が特定できるものとして、なお一過性的に、校外の森の空地や神社の境内、墓地などで行われた。しかも、制裁を加える側の者たちは、彼らなりにその理由を明白に語ることができた。ところが、いじめは、ただ「くさい」「きたない」「むかつく」といった、きわめて私的感覚的な反応において、それゆえ理由もあいまいのまま、長期にわたって、集団的かつ匿名的に、学校の内で起こる。それは教室の中で、授業中にさえ生じる。たとえば、教師が黒板に板書を始めると、その間をねらって、不特定多数の子どもたちが特定の子どもに消しゴムの切れ端などを投げるといったようにである。

いじめには、人種、階級、宗教、性の違いや余所者、特異な性格・言動の者などが誘因となりやすいが、それだけではない。私的な不快がいじめの対象を生み出すのであって、いじめる側の者がいじめられる側に立たされるという事態はつねに起こりうる。私的快・不快が動因であるので、両者の関係は流動的なのである。

かつて、学校の外においてもこのようないじめは存在しなかった。ましてや学校で起こるなど想像すらもできなかったのである。いじめは、子どもの変容のみならず、学校の質的変容に由来する。けだし、いじめは学校の内においてこそ生起しているのであるから。

学校の質的変容とは学校が疑似遊びが成立しうるような場へ変容したということである。遊びは本来何かのためにあるのではなく、そうした目的をもたないという意味でも、また自発的に生じるという意味でも自由な活動である。遊びは遊びそのもののためにあって、それゆえ遊びはつねに愉快で、快感を味わうことのできるものである。したがって、遊びには責任とか義務とかいうものはない。遊びはせねばならぬものではないのだ。遊びは、やめたくなればいつでもやめることができる。それゆえ遊びには私的かつ情緒的な動因がある。

学校に疑似遊びとしてのいじめが現われるということは、学校が私的、情的かつ感覚的なものが流れる場へ変容したということである。疑似遊びとしてのいじめと本来的遊びとの違いは、遊びには終りがあるが、いじめには終りがないということにある。このために、いじめる側にいる者はいじめを止めることはない。ルールがないため、鬼ゴッコの鬼が交代するようなこともない。いじめる側といじめられる側との交代はあいまいで、突然起こることがある。したがって予測はできない。

学校において、子どもたちは思いのまま、気のむくままに漂う。学校は何かをするところではない。ただ、そこにいて何となく過ごしている。そのうちに疑似遊びないしドラマが生まれるのである。つまりいじめのドラマが。これは学校が私的なもの、快・不快のような感覚的なものを排除できなくなったことでもある。

本来、学校は公的な場として地域の中に屹立していたものであった。かつて、我が国の初等中等の学校は住民ではなく国家の力によって成立したものであったし、その精神は教育勅語を以て示されるように国家神道という超越的なものに由来するのであった。したがって、住民は学校へ出向くときには正装し、その門を通り抜けるときには頭を垂れ、学校の内では標準語を語るように心がけたのである。学校は公であり、聖なるものであったのだ。ここには「私」の入りこむ余地がない。ゆえに、児童・生徒は学校の外に出たとき解放され、自由に遊ぶことができたのである。

教師もまた聖と公によって学校につかわされたものであり、ある種の権威を有していた。しかし、現在では、学校は子どもの個性を育て、自由を守り、意見を尊重するべきもので、その主人は児童・生徒であり、教師はその助成者にすぎないと目されるようになった。

もっとも、聖や公なるものは学校が成立する外的形式であって、それが外圧となって、子どもを画一化し、子どもの自立を損うのである。戦前・昭和期の学校はその典型であった。

学校において聖や公が外的形式であるとすれば成員の共同体がその内実である。学校は学園あるいは学舎と称され、それはひとつの共同体としてあるべきものであった。これは地域共同体に支えられ、教師は父であり、母であることを期待された。それゆえ、ここには私的いじめが生まれる土壌が生成し難かったのである。

戦後に、西欧の個人主義思想が民主主義と共に入ってきて子どもの人権、人格、自由、学習権の尊重、個性の育成が唱えられるようになった。これは教育が依って立つ原理であって、同時に教育の目的でもあった。ところが、現実の学校教育において聖及び公的形式が消失し、共同体が崩壊しているところでは、人権も自由も個性も私的かつ感覚的なものへ転落するのである。むしろ、これが強調されればされるほど児童生徒の自己中心化と私的欲望を増幅させるのである。いじめはこのような情況が培養する。

4　社会の情況

学校が「公共」化という機能を喪失し始めている。公も共同体も剥奪され、それに呼応していじめが醸成される。これはひとえに社会の情況もしくは人間の在り方と関わっているであろう。

現代は高度消費社会であるという。かつては、人びとは勤勉、質素、節制、倹約をモットーとし、支出は収入を越えないように努め、資本を蓄積し、生活の必需ないし便宜品を生産した。やがて生産は、科学技術システムによってさらに拡大し、多くの余剰物を産んだ。そして、余剰物は生活の用品であるにしても、たえず新奇な、差異を示すものとして供給される。しかも生産されたものは新奇なものであるがゆえに旧いものと取り換えられる。ここに生産と消費とがセットになった社会が成立する。

消費社会とは欲望をたえず創出し、新しいものを求め続けさせる社会である。欲望の再生産・物の生産・消費・欲望の再生産という円環する運動がこの社会にはある。これは、生きるための生産と消費ではなく、消費そのものを楽しむ社会である。消費は何かのためという目的を欠いたものであるため、この消費は疑似的遊びである。

自然は消費のために収奪され、旧いものは惜し気もなく廃棄され、時間もまたエンデの童話「モモ」に見られるように消費される。疑似遊びとしての消費は決して時間の内に生きることはない。それは生きられる時間の周縁にとどまる。かくして、消費のあと厖大なごみと空しさだけが残る。

今や、たえず差異を誇示する新製品・新機種、ファッションが流出し、人びとはそれを買い求め、時を経ずして捨てる。したがって、物になじみ、物に愛着を抱き、物と共に生きるといった経験は遠のいていく。さらに人や動物も消費の対象になるのだ。人と人との出会いはなく、ただひと時を通り過ごす者として人はある。ペットとして買い求められる動物もやがて飽きられ、捨てられる。消費社会は買物ゴッコの社会である。

家族のなかにおいても消費に割かれる時間と金銭の量が増える。これは旧来の贅沢、奢侈ではない。旧来のそれは、美の追求、権力、富、地位の誇示あるいは快適さのためであった。それらは、したがって、捨て去るべきものではなく、保存されていたのである。

こうして、子どもは、消費という疑似遊びに満ちた家族で育つことになる。玩具などを買い与えられ、捨てるという経験、それを取りまく消費の生活、これは物や生きものとの出会い、共に在ってそれらをいつくしむという体験を希薄にする。これらの子どもたちが、学校へ、子どもの側から見ればなかば強制的に、連れ出されるのである。

5　学校の課題

現実体験の乏しい、消費疑似ゲームの中で育った子どもたちが学校に集まる。学校もまた疑似遊び・ゲームの場である。顕現していないとしても、そのような情況が生まれる素地はでき上っている。授業中の私語もひとつの疑似遊びである。これが時をやり過ごさせる。

学校の名にふさわしい学校は、このはてしなく続く疑似遊びの場を転換する。それは、公と共すなわち公共性を回復することである。公共性の回復とは学校が人と人との出会いを基底とした現実体験の場になることである。この出会いは、人のみならず動物、自然の草花、樹木、建物、物品、さらに規律に対しても生じる。規律に服従することは人が公共的存在になる要件である。ただし、規律に服従するとは、それが児童・生徒に受け容れられ、内面化され、自律へと転換されねばならない。それゆえ、ここにはそれを助成かつ促進する人が介在せねばならない。たんに規則を定めて、それを守らせるために罰や叱責を強めることは反抗を招くだけである。

規律を身につけるとは社会・現実を体験することであり、それは人間との出会いもしくは対決によってのみ可能となるのである。現実とは人と人とが生きる場そのものだからである。これが経験を強化し、自律を助けるのである。

今日の家族は、親たちが子どもとの対決ないし出会いを失い、消費に過ごす場へと変容している。このような場の醸成に加えて、子どもをのびのびと、自由に、ゆとりを、個性と人格の尊重を、という思潮の拡がりが、子どもとの対決と出会いを一層後退させる。ここでは、子どもは、善と悪、美と醜、公と私、正と邪を学ぶことはできない。

現代の風潮には、あたかも子どもを愛するとは子どもに自由を与えることであるかの如く解させる向きがある。しかし、本来、自由は子どもにおいては重大な「限界のある原理」[1]である。自由は、教育が学習において積極的に育てねばならない自発性や内発性と同義ではない。自由は責任を伴う理念であって、教育の前提である自発や内発性を越えた課題なのである。子どもは自由であるべく教育されねばならないのだ。自由の達成は教育の完了である。

「子どもに自由を」というスローガンは現代学校社会の情況を反映している。すなわち、過度の受験競争に対する批判と反抗が「子どもの自由」を叫ばせるのである。子どもの個性、自由、人権の尊重等々は受験競争に対抗するスローガンとなって、ついには受験競争を消滅させれば、子どもの個性は豊かに育ち、自由や人権は守られるかの如く見られるのである。実際はこうである。つまり、受験競争には内心異議を抱きつつも、我が子に関しては受験競争に勝ち抜かせたいという利己的関心から、勉強以外の行為については子どもに干渉しない。勉強さえ出来れば、あとは子どもの自由にまかせるという事態が生まれる。それゆえ、自由とは子どもの私的時間・空間における言動の自由に他ならず、これは結果としては私的欲望を増長させるのである。

かくして「こどもに自由を」という動きは二つの力によって支えられる。第一は、受験競争そのものに反抗する側の力、第二は、受験競争に勝ち抜くために勉強以外の私的時間空間を容認する側の力、しかしこれはいずれも本来の自由とは無縁である。

「過度の」受験競争とは消費に生きる大人たちの側から語られる言葉である。かつて、子どもは受験勉強の代わりに労働を生きていた。子どもであるがゆえに、単調で過度な労働を課せられ、そのために日々を過ごした。それは苛酷でさえあった。このことに対して子どもの自由が叫ばれたことはなかった。「過度な」労働をなくすれば、子どもの個性、人権、自由が守られると唱えることもなかった。

過度な勉強は苛酷な労働と同じように子どもの成長を脅かす。両者とも子どもの人権に関わることである。だが、子どもに自由をという主張は後者から生まれることはなかったであろう。この違いはどこにあるのか。

実は、受験勉強を支える生活は、消費社会の波及に呼応したものであって、ビデオ、テレビ、種々のゲーム、家族旅行、外食などの娯楽の場を志向する。したがって家族は人間が生きることを体験できる生活を失いつつある。自由はそれを抜け出ようとするあがきである。他方、過度な労働を必要とした家族の生活は、人間が生きる場であった。それは親たちの生き様、社会共同体の処し方などを直接体験できる場であった。ここで子どもたちは、私的欲望をコントロールする公共の生活に触れることができたのである。

子どもは自由を手に入れる前に社会的存在であるべく育てられねばならないのだ。この背景を欠いた自由への教育は自己中心性を温存し、私的欲望を醸成する。したがって、受験競争を抑圧と見て、これに対抗するべく自由を子どもに与えよという主張は的を射ていない。たしかに、現在の受験競争は異常に近く、社会に差別を持ちこむのにあずかっているともいえよう。しかし、受験競争そのものが疑似遊戯としてのいじめの土壌になっているのではない。それゆえ、受験競争を弱め、勉強の時間を減らし、ゆとり（余裕）の時を広げてもいじめは減らないであろう。これは非行についてもいえることである。いじめであれ非行であれ、これらは現在の家族及び学校が強度の経験すなわち人と人との出会いを生み出す場へ転換されることによって克服される他はないのである。

むすび

自明のことであるが、人間は人間によってのみ人間となるのだ。人間の経験は、世界すなわち自然や生きもの、とりわけ人間との出会いによって強度なものになる。いじめも非行も強度の経験としての出会いによって友情や親愛へ転換される。ただし、非行はいじめと違って、広い行動を伴う。非行は、物品・金銭の強奪、身体の傷害のように、鮮明かつ具体的なものであり、一般に特定可能な行為である。ただし麻薬もこれに加えられるであろう。なぜなら、麻薬は、たしかに他者への直接的侵害ではないが、自己を破壊して、ついには他者を侵害するに至るからである。しかも、麻薬は自己破壊そのものによって教育を正面切って否定する。それゆえ、麻薬は教育が最大限に対決しなければならない行為である。

これらの非行は受験競争によって生み出されるのではない。また、成績不振の子どもが非行に走るのでもない。もっとも、家族のなかには成績不振を重大視して、それを取りあげて子どもを責める場合もあろう。これが家族の者への反抗を生み、非行へ向かわせる契機になることもある。だが、このことは、非行への契機は成績不振によるのではなく家族ないし社会の大人たちの評価によることを意味する。

子どもは家族との暮らしの中で親たちのさりげない在り方や生き方を通して、共同社会の規範を体験する。大人たちの言葉と行為の総体が子どもの生きる世界であり、その世界を体験することによって、子どもは自らを形成する。これは学校においても同様である。

したがって、いじめや非行に厳しい罰則をもって対抗しても根本的な解決にはならない。また、学校や社会の在り方に責任を嫁して、子どもの権利、個性や自由の尊重を叫ぶのも的はずれである。為すべきことは、学校において疑似遊びの場を強度な経験の場へ転換することなのである。

それはいかにして可能となるのか。それにはまず条件がいる。条件とは急がないこと、忍耐強く待つということである。目標が立つと、速くそれを達成したいというのが人間性の事実であるが、教育においては、性急さすなわち待つことができないということは反教育になるのである。物の生産は急げば速くなるであろうが、教育の性急さは反撥を生み、教育を挫折させかねないのである。ちなみに、ボルノウによれば、忍耐は教育する者の徳であった[2]。

しかし、ただ待つということは何もしないということではない。働きかけつつ待つのである。教育に休息はない。では、働きかけるとは、あたかも種子が芽を出し、やがては成木となり、結実するのを助成するために、水や光や肥料をやるようなものであるのか。では、教育において成育を助成する水や光や肥料は何であるか。それは環境であるか。環境とは、自然、博物館や図書館、体育施設、あるいは子ども集団とか地域共同体を意味するのか。しかし、これらは子どもに強度の経験を起こすであろうか。人間の成長と植物のそれを同一に見ることはできない。

人間は人間との出会いにおいて人間になる。人間と自然とが出会うときにも人間との出会いが地平に在る。それが基礎である。もちろん、人と人とがひとつの場に居るということがそのまま出会いになるということではない。出会いとは、実存する人間、屹立して自らを体現している者において成立するものである。出会いの内実は誠実、責任、愛であって、それゆえ、出会いは優しさ、思いやり、共感を生むのである。

いじめのような疑似遊戯、加えて非行のようなものの克服は、ありふれた、自明の、したがって教育の原理そのものによる他はない。それは共感や優しさの回復である。共感や優しさは強度の経験つまり魂を揺さぶるような経験によって喚起されるのであって、これは、構造的にいえば、自己の身を他者の身に重ね合わせること、あるいは自己の座標軸を他者のそれに転移させて、その身を感受することである。それゆえ、共感や優しさは脱自己中心化ないし自己再構築化であって、このためには、開かれた、柔軟な自己が確立されねばならないのだ。いわば、このような自由な自己は等しく自由な自己との出会いによって成立する。強度の経験とはそのような出会いの謂である。

親であれ教師であれ、自己として児童・生徒の前に立つとき出会いの可能性が広がる。ただし、出会いは、まさに出会いであるがゆえに、計画的かつ意図的に実現されるわけではない。人は出会いを自由にすることはできないのである。出会いの実現には時がある。僥倖ともいうべき時が訪れるのを人は待つほかはない。この意味で親や教師は忍耐強く待つことができねばならないのだ。

現代の教育に求められることは、時を待ちつつ、出会いをイメージし続けることなのである。待つことができないとき、人は罰則や体罰といった外圧にたよることになる。また、子どもの自由、権利を強調する人びとも、待つことができないグループに属する。けだし、この人びとは、子どもの自由、権利の側に立って、自ら子どもに働きかけることを先送りするか放棄したからである。待つとは出会いが成就するのを待つことなのである。

学校は、このような自明の原理に立たねばならない。もっとも、現代の学校についての批判的言説は多い。イリッチ、ホルト、フレイレ、ブルデューなど、彼らは、学校を抑圧ないし見えない暴力装置、差別と排除を生産する仕掛けと見る。しかし、現代の社会は学校における学習の労苦によって存続していることも確かなのである。学校という支えも全廃することはできないであろう。

学校は差別や排除を生産しながら社会を存続する保守機能に尽きるのではない。もちろん、いじめを克服することは児童生徒の個性を消して、それを社会の中に埋め込むことではない。学校が本来的に社会の存続という保守的機能を有するとしても、その機能は児童生徒を共同社会に生かすべく形成することなのである。ここでいう「保守」とは、生きることの基礎すなわち共同社会に参加し、生活するということである。それは、決して個性の埋没とか非人間的とかいう意味ではない。むしろ、学校は、教師と児童生徒との出会いの場を広げ、対話を進め、自己実現を試みる。これは世界を愛すること、そのために人は生まれてきたのだということの了解であり、この観点に立つならば、学校は、保守や進歩を越えた、そのような名称によっては推し計ることのできない、人間の根源に立入る働きをするのである。

注

1 Bertrand Russell : Portraits from Memory and Other Essays, George Allen & Unwin Ltd, London, 1956, p.15.

2 O. F. Bollnow : Die Pädagogische Atomosphäre, 1964.『教育を支えるもの』森　昭訳、黎明書房、昭和四十四年、一三六—一四三頁。

参考文献

1 Ｋ・ローレンツ『ソロモンの指環』日高敏隆訳、早川書房、一九七三年。
2 Ｗ・フロイント『オオカミと生きる』日高敏隆監修、今泉みね子訳、白水舎、一九九一年。
3 小浜逸郎『学校の現象学のために』大和書房、一九八五年。
4 菅野盾樹『いじめ＝〈学級〉の人間学』新曜社、昭和六十一年。
5 諏訪哲二『反動的！』ＪＩＣＣ出版局、一九九〇年。
6 小浜逸郎『症状としての学校言説』ＪＩＣＣ出版局、一九九一年。

7 司馬遼太郎『故郷忘じがたく候』文藝春秋、一九七六年。
8 中村雄二郎『考える愉しみ—子供の風景・周辺—』青土社、一九七九年。
9 諏訪哲二『〈平等主義〉が学校を殺した』洋泉社、一九九七年。
10 E・フィンク『遊戯の存在論』石原達二訳、せりか書房、一九七一年。
11 J・アンリオ『遊び』佐藤信夫訳、白水社、一九七四年。
12 J・ホイジンガ『ホモ　ルーデンス』高橋英夫訳、中央公論社、一九六三年。
13 F. J. J. Buytendijk : Wesen und Sinn des Spiels, Das Spielen des Menschen und der Tiere als Ersheinungsform der Lebenstriebe, Berlin, 1933, S.28.
14 J・ボードリヤール『消費社会の神話と構造』今村仁司・塚原史訳、紀伊國屋書店、一九七九年。
15 R・ジラール『欲望の現象学』古田幸男訳、法政大学出版局。
16 貝田宗介『現代社会の理論』岩波書店、一九九六年。
17 I・イリッチ『脱学校の社会』東　洋他訳、東京創元社、一九七七年。
18 J・ホルト『21世妃の教育よこんにちは』田中良太郎訳、学陽書房、一九八〇年。
19 イリッチ・フレイレ『対話』角南和宏他訳、野草社、一九八〇年。
20 ブルデュー・パスロン『再生産』宮島喬訳、藤原書店、一九九一年。
21 P・フレイレ『被抑圧者の教育学』小沢有作他訳、亜紀書房、一九七九年。
22 P・フレイレ『伝達か対話か』里見実他訳、亜紀書房、一九八二年。
23 E・ミンコフスキー『生きられる時間』中江育生・清水誠訳、みすず書房、一九七五年。

第4章　子どもの暮らし

はじめに

かつて子どもには生活があった。子どもの生活には子どもにとって自由な遊びの時間・空間と生きるために課せられた労苦とが共存していたものである。生きる力とか学ぶ力とかいったものはこのような生活のなかで培われたのであった。なかには飢えを凌ぐために働いた子どももあった。子どもはそのために他のあらゆる欲求を抑えて苦労を耐えねばならなかった。

貧しいとはいえない家族の子どもも家族の生活のリズムに従って働いた。そして家族の中には世界のすべてが現われていた。生老病死があり、労働と祝祭があり、宗教と共同体が含まれていた。子どもたちはその中で成育して人間となったのである。これは大人たちもそうで、歓びと悲しみ、労苦と安らぎの中で人として生きたのであった。

子どもたちは家族と共に労苦に耐えて生きる時と労苦のない空白の時とをもっていた。その空白の時を縫って子どもたちは家族の手の届かぬ処へ出た。それは村の子には野山や川や海であった。町の子には道路や空き地があり、少し歩めば自然の森や小川があった。

周知のようにかつての道路はあらゆる人びとがあらゆることに用いたのであった。道路は多義的な働きを可能にした。道端には道祖神や野仏があり、祝祭の踊りが道いっぱいに繰り広げられ、花嫁が親族の者たちと歩み、野辺の送りが道行くのが見られた。そして道の中端ほどまで広げられた筵《むしろ》に五穀が干され、縄が綯《な》われ、糊付けの布が張られ、研ぎ屋が刃物を研ぎ、籠屋や桶屋が仕事をした。時には紙芝居があり、ポンポン菓子屋がトウモロコシや米をふくらませて売り、チンドン屋が通り、ガマの油売りなどが大道芸を披露していた。

道路は子どもたちの遊び場でもあった。陣取りが電柱を陣にして始められ、ゲンパタ、オハジキ、まりつき、ゴムとび、カワラケリ、木炭での絵かきがあった。自分の家の敷居を一歩踏み出せばそこが遊び場であることは楽しいことであった。

道路は人びとの生活、宗教、遊びが共存した小宇宙であった。このため道路が子どもの成育を豊かに進めたのであった。「道」はまさに多義的で豊饒な意味のものであって、たんに車や人が通るだけのものではなかったのである。

道路がその使用を規制され交通すなわち人や物を運ぶためだけになったとき、子どもはそこから姿を消した。そして、それと同時に子どもは家族からも消えたのである。これは子どもが地域や家族の生活から追放されたことを意味する。

子どもは生活の中での遊びを奪われ、代わりに個室での勉強をあてがわれた。子どもは孤立してバラバラの個体となってしまった。大人たちからも仲間からも切り離された子どもたちは共に生きる場を失ってしまったので、人と人との結びつきのなかで自然に学んだ礼儀や振舞をも身につけることはなくなった。

こうして子どもは遊びも共同体での行為の在り方をも経験できないため、自己中心性から脱却できないことになった。これは学校教育でさえも崩壊させるという深刻なところにまで至っている。このため大人たちは子どものわがまま、無規律、若者たちの非行、幼稚さ、無責任、精神の張りのなさを歎き、家族や学校における道徳の強化を要求する。いまや知識以上に道徳の教育は文明化された社会の切実なテーマとなったのである。

それではこの要求は実現可能なものであるのか。この問いは子どもの生活を支えていた遊びと仕事の両面から検討せねばならないであろう。

1　遊びの情況

かつてわが国においては空地や神社の境内、野原や小川、それに道路においてさえ子どもを見た。群をなして長幼、男女、さまざまの子どもたちが戯れ、遊んでいるのを見ることができた。それは、あたかも現在の開発途上国の子どもを見るようであった。

ここには笑いと明るさが満ちていた。子どもたちが遊んでいる姿は大人たちをも心豊かにした。そこには希望があった。巷間に知られているかの後白河院の撰、『梁塵秘抄』は「遊びをせんとや生まれけむ　戯れせんとや生まれけん　遊ぶ子どもの声きけば　わが身さえこそゆるがるれ」と謡ったが、古今を問わず遊ぶ子どもは大人の心を豊かにしたのであった。

しかし文明の現在では遊ぶ子どもを見ることはない。これは大人たちにとっても、そして何よりも子どもたちにとって不幸なことであろう。

子どもの遊びはなぜ消えたのであるか。いまは子どもの自由になる時と場はない。エンデが『モモ』[1]で語っていたように大人も子どもも生きられる時を失っている。生きられる時とは人が時間の中に没入して時と共に生きることである。これは生成する自己を生きること、したがって世界に在ることの歓びを生きること、それゆえ世界を愛することへの回帰である。ここには自己と時間との疎外がない。

本来の遊びとは湧き出るもの、創造するもの、世界と共に在ることを歓ぶ表現である。かつて子どもたちは仲間との出会いがしらに「あそぼう」と呼びかけ、友だちの家を訪れては「あそびにいこ」と遊びに誘ったものであった。そして、夢中で走り、動き、作り、考え、夕暮れが迫る頃「あ丶　おもしろかった」と言いながら家々へ帰ったものであった。童謡の「夕やけこやけ」はこうした時によく唄われもしたのであった。

これを見れば遊びは祝祭に近い。祭りの最中、人びとは日常を離れ生活の労苦を忘れて生きる。そして再び日常の生活へ戻る。「楽しかった」という思いを残しながら。

ただし、祝祭は遊びと違って地域共同体の老若男女を巻きこんで行われる。地域の全エネルギーが祝祭の成就に向けて集中され、これが渦となって他の地域の人びとをも吸収し、数日にわたって所定の行事が繰り広げられる。

祝祭においてエネルギーが集中する核となるものはほとんど超越ないし超俗的なものである。したがって祝祭の多くは宗教と関わっており、そこでは神々や仏、霊的なものとの交渉があり、そのために祈りが見られる。しかも祝祭は地域共同体のなかで日を決めて年毎にくりかえされる。祝祭は伝統となって、ひとつの文化として定着・持続する。

この祝祭によって地域共同体は生気を呼び戻し、再生する。人びとは祭りのあと枯れた気が回復して晴ればれとした気分で日常の暮らしを始める。連続する日々の労苦を祝祭は切断して暮らしに活力を吹きこむのである。この点で祝祭と日常の労苦とは相対しながら相補する生の現実であった。

祝祭に比べると遊びは個人の自由な選択によって成り立っている。遊びは日常の暮らしの合間の中で起こり、数時間のうちに切り上げられる。この時遊びは生活のリズムとなって日常の生を充実する。

もっとも遊びは大人と子どもとでは異なっている。子どもは生活と遊びとがひとつになった生を生きる。子どもにとっては、生活のなかのあらゆる出来事、行為が遊びになる。たとえば、親のお手伝いはお手伝いごっこ、風呂に入るのは水遊びになるのであった。子どもを取り巻く環境のすべてが遊びの場であって押し入れや厠はかくれんぼの場に変り、食事はままごとの場になってしまうのであった。ちなみにランゲフェルドが語っていたことであったが、「一枚の板は遊びに際してはたちどころにその意味をひとつの街道から生垣へ、橋へ、荷車へと変えてゆく」[2]のであった。独楽、凧、ブランコ、風車、かごめかごめなどの遊びも、本来大人たちの祝祭、呪術的行事の中にあったものが子どもの世界へ移ったものであるという。

子どもは世界をたえず遊びへ変えていく。子どもは世界と共に遊ぶ。大人たちから見れば、子どもはたちどころにファンタジーの世界に入ることのできる人間である。これは、子どもが自他融合、自他未分化の状態にあって、世界とつねに和合できるからであろう。そのため、遊びは子どもにおいてはたんなる虚構ではなく、現実であり、したがって真面目そのものである。子どもは世界のなかで漂い、浮遊する。世界は游するところであり、遊びにあることが子どもであることである。

他方、大人においては遊びはある決意によって始められる。それゆえ日常の働きと遊びは区別されている。働くことは責任と義務をともなう課題であって、これは達成されねばならないものである。遊びも働くことと同様にひとつの決意、これから遊ぶのだという意向によって始められるが、遊びには義務や責任はない。遊びはむしろ自発的活動であって、自由な気楽さが遊びにはある。生きることを第一義としている大人たちにとっては、遊びは生活の周辺にある。

働いてばかりいる大人は面白くない人といわれようが、遊んでばかりいる大人は穀潰しと非難されるであろう。それゆえ、遊び人とか遊び人風情とかは負の価値をおかれる。要するに遊びは、大人にとってはやらなければやらずにすむような余計なものと見られる。

もっとも遊びに効用がないわけではない。それは休息、気晴らし、ストレス解消として勧められる。その意味では遊びは生活の中心を占める仕事にとって副次的なものである。

遊びは生活の余裕、心身のゆとりと切り離すことができない。食うや食わずの生活をしている者や病に苦しんでいる人にとっては、遊びの効用などありそうもない。しかし、人においては物的な豊かさや身体の健康があるというだけで遊びが生まれるわけではない。遊びは社会の生産構造、文化、価値観といったものに深く関わっている。

たとえば、未開の狩猟採集民においては狩猟の前に祈りの踊りや唄があり、狩猟の終わりにおいても大猟を感謝する舞踏などがあったであろう。それは歓びであったが狩猟や採集そのものも歓びであったであろう。それは生きる歓びでもあったといえる。したがって、そこには自由な遊びの要素があった。それゆえ、働くことは生きるために強いられた労苦につきるのでもなかった。

旧約聖書においては神ヤハウェがアダムとイヴをエデンの園から追放したとき、罰としてアダム（男）には額に汗して大地を耕すという労苦を背負わせたのであった。だがこれとても大地と共に生きることの歓びを可能にするのであった。人は働くことを労苦から歓びへ変えることができるのであった。たとえば人びとは労働のなかに唄を入れることを覚えたのであった。

世界のいたるところに労働の唄がある。労働が唄を生み、唄のなかに労働があった。ちなみに、ニューギニア高地人たちは作業をしながらすばらしいコーラスを楽しむという[3]。わが国においても、舟唄、田植唄、木挽唄、牛追唄、馬子唄、草刈唄、茶摘唄、子守唄など労働の唄は多く枚挙にいとまがない。

唄や踊りは働くことと共にあり、相補することによって生の充溢に資してきた。唄い踊り、その時に浸ることは仕事の最中でもその後であっても働く者たちの連帯を強くし、労働を促進するのであった。とはいえ、これが可能となるのは働くことが多義的かつ全体的であることが必須であった。

山の木を伐るとき樵は全身で辛抱強く鋸を引き続ける。鋸と木とが触れ合う音が間断なく森の静けさを通って流れていく。その流れの中に小鳥のさえずりや小川のせせらぎ、木の葉のそよぐ音が加わっていく。ここには唄が生まれる場がある。樵はいつの間にか唄を口ずさんだであろう。

木挽きであれ田植であれいずれもこれらは単調な作業のように見える。だが、ここには人と自然、人と人とを生かす微妙な関わりがある。稲の苗を手に取って水を張った大地に数本ずつ差していくといった作業でさえ、機械工程のなかでスパナを用いてナットを締めていく作業とは大きな違いがある。苗は生命であり、ここには生命よ大きく育てという祈りがある。けだし豊穣は神々の恵みによるのであったからである。

苗代、田植、刈り入れという連続する作業の中で、人びとは自然の生命の息吹、神々の恵みに触れ、働く者相互の連帯を生み出していく。樵にあっても、山に入って木を選び、伐って川や道へ運び出すという一連の流れの中にある。ここでも樵は自然、山の神々、作業する仲間たちとの結びつきを強くするのであった。

それゆえ、かつての労働は多義的であって、働く者は時の中を生きる。時は静かに流れ、人びとはいまこの時に永遠的な何かに触れることもできたのである。

ところが科学技術は時間・空間の征服を目論み、労働を分節し、単調な作業に変えてしまった。人びとは機器を操作する作業に終始することが多くなった。ここでは一連の活動の始まりから終わりまでという流れに人びとは生きることはできない。作業の流れは断たれており、働く者は閉ざされ、孤立した情況の中に置かれる。したがって人びとは終業の時間が来るのを待ち望む。やっと作業から解かれると、たまった不満、ストレスを解消するために遊ぶ。

かくして労働と遊びとは分断される。遊びはたんなる気晴らし、ストレス解消の手立てに変るのである。働くことの疎外は同時に遊ぶことの疎外である。この遊びは自発的に遊ぶのではなく、遊ばざるをえないということにおいて遊ばさせられているのである。このような情況は子どもの遊びにも波及する。子どももまた自ら遊ぶというよりも遊ばさせられることになる。子どもも気晴らしとストレス解消のために遊ばさせられる。それゆえ、ここには遊びの産業が介入する余地が生まれる。この産業は遊びに供するためにあらゆる遊具を生産して子どもたちの前に並べる。欲求を刺激された子どもたちは、それを用いて遊ぶことになる。これが現在の遊びの情況である。

2　遊びであること

遊びは本来遊ばさせられるという受身のものではなく、自ら、自発的になされる能動的なものである。能動的であることによって、遊びはエネルギーを増殖して充実する。この点では創造的な作業は遊びに近い。

学問、芸術のようなものは義務や強制によっても、金銭や富の利得によっても開花することはない。したがってまたそれらが動機でなされる学問や芸術から歓びを得ることは難しい。

他方、自発ないし自由による学問とか芸術のみならず労作や勤労にも歓びが見出される。ここには遊びの要素があるからである。

かつてホワイトヘッドが述べていたことであったが、「仕事が遊びであり、遊びが生活であるような共同社会」[4]が理想であろう。働くことが楽しく遊びのようである生活は幸せである。

しかし今やそのような仕事は極めて少ない。このことは子どもの学習についてもいえる。仕事と遊びとが共に疎外の情況にあって、分裂し衰弱しているように、子どもにおいても学習と遊びとは乖離し、共に衰退している。子どもにとって学習は仕事、義務であってせねばならないものであるが、遊びはどうでもよいもの、せいぜい学習の気晴らしか、次の学習のための休息になっている。したがって大人の仕事と遊びについてと等しく、子どもの学習と遊びをも疎外の情況を克服して本来の在り方を回復せねばならないのである。

もともと学ぶということは人間の自然による自発的活動であった。それゆえ、学びのなかに遊びの要素がある。よって勉強という強迫的作業は自由や自発、内発といった遊びの要素を排除してしまう。いわば学習と遊びとは対になっており、学習の充実には遊びの回復が関わっている。学習の充実が遊びのエネルギーを培うように遊びの充実が学習のエネルギーを育むのである。

それでは遊びはいかにして回復されるか。このためには遊びとは何かが問い返されねばなるまい。遊びとは何かという問いはさらに遊ぶ人間とは何であるかという問いへ収斂する。かくて、遊びとは何かを問うとき、そもそも遊ぶ人間とは何かという人間への問いを避けることができないのである。

ちなみに、心理学のピアジェ[5]、文化社会学のホイジンガ[6]、カイヨワ[7]、哲学のフィンク[8]、アンリオ[9]、教育思想のフレーベル[10]、文学のシラー[11]などはいずれも人間のなかに遊びを、また遊びのなかに人間を見出したのであった。

ヒトであれ他の動物であれ病や飢えなどで生命のエネルギーが衰弱しているものに遊びは生まれない。他方、生命のエネルギーに満ちている成長期の子どもはヒトであれイヌやネコであれよく遊ぶ。かといって生命のエネルギーが過剰であるということだけで遊びが豊かになるわけでもない。ヒトにおいては老いても病床にあっても気分が良いときは遊ぶ。身体の状態に合った遊びがそこには生まれる。

また、余りにも厳しい労働を強いられ、そのために心身のエネルギーを消耗させられているときにも遊びは生まれ難い。遊びには自由ないし余裕が要る。もっともそういう時にあっても、人は遊びを忘れてしまうわけではない。わずかの時を見出しては人は遊びにふれる。人は遊びを欲するのである。人のなかには遊びに興じて生活を破綻させたり、身体を損なう者さえもある。動物は遊ぶとはいえ遊び狂することはないが人は狂してマニア（狂者）になる。

人はたんに生命のエネルギーが過剰であるから遊ぶのでもなく、また将来に備えて遊ぶのでもない。ちなみに子どもたちのママゴト遊びなどは家族の親たちを模倣したものが多く、結果としてこれは将来の家庭生活の準備になりうるものであろうが、これとても当初から意図されたものではない。子どもは遊びにおいて大人になるための練習をしてはいない。子どもの時分に大いに遊んだことが大人の社会に入ったとき役立つとしても、これは結果にすぎない。逆に、子どもは遊びによって将来を台無しにしてしまうことさえある。

かくして、遊びは現在のものである。遊びであるといわれるものは、本来、いまここに生じている完結した現実である。

遊びは個体の活動において自由度の高い動物に見られる。チンパンジーがよく遊ぶのはそのためである。個体と環境とが密着して刺激――反応の一義的関係しかなく、個体の活動が決定されているところでは遊びは生まれない。それゆえ、ミミズやイソギンチャク、ヤモリなどに遊びが見られることはない。

遊びとは個体の自由度の高い生命が環境世界から一時的に離脱することである。すなわち遊びは環境からの遊離である。環境に埋没した刺激――反応という外的必然を一時的に断ち切り、飛翔して空中に漂うときに遊びは生まれる。ヒトはとりわけことば（広義のシンボル）によって強いられた外的必然を越え出る。あたかも変圧器が直流を交流に変えるように、ことばは直接の感覚刺激を意味的作用に変換するのである。

ヒトはことばによって世界を次から次へと意味の織物へ変えていく。ことばは時間と空間を創造し、世界を時間の流れと空間の拡がりへと形成する。これによって世界をそのようなものとして定位し、対象化する。そうしたとき世界へ意志によって働きかける力が生まれる。ヒトは世界へ働きかけ、世界を利用し、自己の生活の安全、安楽に資することが、こうして可能になる。だが、ことばは働きかける意志が貫徹している時間・空間すなわち世界を離脱させもする。ヒトは環境の生理的必然性を越えて、自らの意志が働く時間・空間を措定し、世界を拡大したのであったが、その時間・空間をも越えるのである。ヒトは楽器を奏で、唄をうたい、踊り、絵を描くことにおいて既に対象化した世界から離脱し、新しい意味に変え、その中に生き、和合する。

ここには流れ往く時間も拡大する空間もない。いまとここにおいてヒトは生きる。時間は静止し空間は凝集する。大気や大地はふれるものとなり、ヒトは世界の息吹を感受し世界と共存する。これはヒトと世界との交響的創造である。

遊びは目的を追求し、それを達成しようとする日々の営為、努力や労苦の間隙をぬって現われる。ヒトは遊びにおいて日常の流れ去る時間から抜け出し、目的遂行の意志を止め、非日常の時を生きる。ゆえに遊びは日常生活の何かのためにあるのではなくそれ自体のためにある。遊びにおいてヒトは世界にふれ、そのなかを漂うのである。この場合、世界は具体的に現われる。たとえば独楽、ボール、ビー玉、カード、糸などとして。そこでヒトは独楽で独楽と共に遊ぶ。世界とは独楽と私との世界である。独楽と私とは相互に働き合って回るという世界を生きる。独楽は回ることを望み、私は回すことを望む。独楽が私をして回させ私が独楽を回す。これ以外に何の目的もない。すなわち独楽は何かのために回すのではない。回る時と場の外に目的はない。そしてそのことが緊張と喜びを生む。それゆえこの喜びは無償の喜びである。

ヒトの遊びはチンパンジーたちの遊びに比べると多様である。ヒトはつねにひとつの決意さえすれば遊びに没入することができる。あらゆる時と場においてすべての行為が遊びになりうる。ゆえに仕事でさえも遊びに変えられることがある。ましてや子どもは自然に遊びの世界に移っていく。したがって子どもにおいては仕事と遊びとは未分化であるともいえる。

遊びは自然に、もしくは自発的に為されて日常性を離脱する。その意味で遊びは自由な気分を生み出す。やがて遊びは遊びそのものとして独自な世界をつくりあげる。たとえばヒトは遊ぶことそれ自体のための道具を創作し、ルールをつくる。遊具は鍬や鎌、ナイフやハサミなどと違って遊ぶことそれ自体のために供される。すなわち鍬や鎌、ナイフやハサミなどは多用に用いられるが、コマやボールは遊び以外に用いられることはない。もちろんこれらの遊具が活用されるときにはルールがあり、そのルールや秩序は日常性の外にある。

ヒトは遊ぶことに心身のエネルギーを費やすことのできる動物である。また遊びはヒトを遊びに熱中させるような仕組みをもつ。囲碁、将棋、チェスのような盤台の遊びはいうまでもなく、演劇、歌唱、野球、サッカーなども同様である。これらは人びとのエネルギーを高揚させ、それを吸収し、遊びのための高い技術と知力を創造する。この時、人びとは日常を越えた時と場を生きることになる。

やがて遊びに終わりがくる。人が遊びにエネルギーを投入できる時間は数時間である。人は我に帰り、楽しく満たされた時の気分を一転させて日常へ戻る。

遊びはやらなければやらなくともすむような余計なものともいえる。飢えや寒さに苦しむ苛酷な情況、国家の抑圧や戦争あるいは厳格な道徳で人びとの行為を金縛りにするようなところでは遊びは生まれにくい。ここで遊ぶことは社会からの追放や死に結びつく。だがこのことは、遊びが生まれえないということにおいて、人びとの生活が平板かつ不毛であることを語っている。すなわち生活が充実することが遊びを生み、この遊びが生活を豊かにするのである。遊びは余計なものと目されながら、なお生を充溢させる働きをもつのである。

かつてパスカルは『パンセ』のなかで「遊戯（divertissement）」を取りあげたことがあったが、それによれば遊戯は娯楽や遊興の中核をなすものであった。そしてパスカルはこの遊戯を自己の本来の在り方から気を紛らわせる（divertir）ものとして否定したのであった[12]。

だが、遊びは日常を離脱してその世界へ没入するという意味でありきたりの自我を抜け出させるところがある。日常を脱してある世界へ没入するということであれば、仕事にも信仰にも芸術、学問にもありうることである。本来創造的な仕事は自我の放擲・投入をもって成るのであって、遊びもまたたんなる日常からの逃避や自我の堕落に尽きるわけではない。

このことは子どもの遊びにおいて明らかである。子どもは遊びにおいてむしろ生き生きと生きる。遊びは子どもの真面目な生き方を表しており、日常生活からの逃避ではない。遊びは子どもの現実であり、この遊びは子どもの将来をも豊かにするのである。

3　遊びの生成力

遊びは子どもの生活、子どもの真面目な活動であった。子どもは真剣に遊ぶ。それゆえ子どもは遊びにおいても喧嘩をする。そこで子どもは互いに業を競い、勝ち負けに一喜一憂し、さらに業を磨こうともする。それに従って遊びの内容も高度な技と知を要するものへ変っていく。真剣に取り組み、緊張を要する遊びほど解放感を高め喜びを増す。こうして遊びの時が充実することになる。

カイヨワが遊びの内実を見て、そこから、もほう、きょうそう、めまい、ぐうぜん（かけ）という働きを取り出したことがあったが[13]、これらは遊びの中で相互に関連しながら単純なものから複雑なものへ、より技量を要するものへと変わっていく。たとえば、ウラかオモテかといった単純な偶然の遊びはトランプ遊びなどへ変化していくのである。

もっとも子どもの遊びは、まねる、きょうそう、ゆれる、か（賭）けるのほかに、つくる、かざる、みる、かたる、たべるなどすべての行動からできあがっている。ウルトラマンゴッコ、追いかけっこ、ブランコ、ジャンケンポン、折り紙、絵本、お話し、そして食べることも遊びであるのだ。たとえばチューインガムは風船をつくる遊びになる。子どもはこうした遊びの時を生き、その時が生み出す緊張と開放とを楽しむのである。

遊びのなかで子どもは世界と自己とを理解する。山や川、池や海、原っぱ、路地、公園などの生物の生態や地形、大人たちの生活、仲間たちの気力、能力、技術、そして自己の能力や技量、性格などを学んでいくのである。

かつて宮本常一は子どもたちの遊びは大きな集団による遊びであったと述べていたが、ときには二十数名を超える異年齢の子ども集団が生まれることもあった。

大集団は、構成員が多数、多様であるために遊びを持続することができた。数名が家の仕事の加勢や病気などで脱落しても遊びが崩壊することはなかったのである。日々の遊びのなかで子どもたちは新たな遊びを創造することもできたのであった。

しかも異年齢の大集団は、年長の子どもが幼い子どもに友だちとの交わりのしかた、遊びかた、自然の生態、ものをつくる技法、危険から身を守ることなどを伝えるのに役立ったのである。遊びにおいて子どもは相互に対等になることを学びもした。なお幼少の子は「みそっかす」「かわらけ」などと称されていたが年長の子どもに保護されて遊びに加えられていた。小さな子どもには知においても身体の活動においてもハンディがあるので年上の子どもがそれを補完し、さらに危険がないようにしたものであった。ここで子どもたちは、自己と世界、他者を理解し、語り、聞き、協力し、美しく役に立つものを創作し、がまんし、耐えることを学んだのであった。これはしなやかで強い心身を育んだのである。

遊びの豊かな経験が将来の学問や芸術の創造、政治や経済における実践的判断力、意志、説得性などに結びつくかどうかは定かでない。だが、少なくとも大人の仕事にあっても創造的な活動にはそれ自体を目的とし、それを歓びとするような遊びの要素があることは確かである。そして子どもにおいて遊びであったものから大人たちの生きる力が育まれることも確かである。子どもの時が大人の時と相互に働き合いながら次第に子どもは大人の時へ入っていくのである。それゆえ、子どもの時を生きることが大人の時をよく生きることになる。子どもの時を十全に生きた子どもは再び訪れることのない幸せの時を満喫したのであり、そのことが大人の時への跳躍となるのであった。そして、大人たちはそれをよく知っていたのか、子どもが仕事を手伝う労働の時と同程度に子どもが遊ぶ時を是認していたのであった。よく学びよく遊べとよく働きよく遊べとは共に同義であったのである。

ところが現在にはかつての子どもの遊びはない。子どもたちは心身を用い、多くの仲間と共に自然を場にして自由に自分たちの時を生きたのであったが、現在の子どもの遊びは大人たちによって作られたものから成っている。大人たちが製作した機器、玩具が子どもの遊びを席捲している。それで子どもは遊ぶのではなく遊ばさせられることになる。個室で一人か二人で目と指先を用いて操作する機器の遊びが拡大している。しかも次々と新規の機器が作られるため、今まで使っていた機器は廃棄される。

もちろん大人たちはそうした子どもの遊びに価値を置いてはいない。遊びはたんなる気晴らし、気分転換、休息または気を紛らせるだけのものと見るのである。遊びは何かのためにあるものであって、それは勉強のため以外にはない。

子どもの生活は大人の時と子どもの時すなわち労働と遊びの時から成り立っていた。双方の時は対峙していたが労働の時が遊びの時を解体することはなかった。労働そのものが遊びを要求したのであり、また子どもたちの生きる力が遊びを確保したのであった。だが今では二つの時は共に解体した。そして勉強の生活となった。

労働には終わりがある。その時、その日、ある期間のうちに終わる。労働の時は日々、年々くりかえされる円環の時である。他方、勉強の時は終わることのない直線の時である。子どもたちは目標の大学へ入学するまでずっとたえず勉強を強いられる。勉強は将来のための準備であって、日々の生活のための労働とは異なっている。それゆえ勉強は遊びを衰退させる。子どもの生活は勉強で占められ遊びは勉強を促進させるための栄養剤か刺激剤に変えられたのである。

こうして子どもの生活は平板なものになってしまった。ワクワクしドキドキするような経験はここにはない。一所懸命になること、がまんすること、くやしくて泣くこと、怒って取っ組み合うこと、怖くて震え上がることもなくなった。平板な生活は子どもの心身の活動を奪い、その生を貧しいものにしてしまった。ここから子どもが生きる力や知恵を学ぶことは難しい。労働も遊びも欠いた生活で勉強することは真の学びとはならないのである。したがってこの生活は子どもの危機であり、これは同時に大人たちの危機である。なぜなら子どもは必ず大人になるからである。

4　勉強の時間

いまや子どもたちは遊びも労働の時をも経験することなしに学齢期を迎え、その後学校で勉強の時を過ごすことになった。学校は子どもに勉強のための時と場所を提供して、子どもたちが一日の多くの時間を長期にわたって過ごすようにしたのである。

学校は勉強をさせるところであったが、やがて勉強の成績を上げることに力点をおかれはじめた。子どもは勉強の成績だけでその優劣が評価されるようになったのである。

勉強の成績で子どもを評価することは学校が子どもを平等に扱うことでもあった。なぜなら学校は親たちの社会的地位、家柄、貧富、職業などを考慮せずに子どもを評価するからである。この点で学校は子どもの平等化を進めもしたのである。

だが他方では学校によって子どもは画一化されることになった。かつては子どもたちは労働と遊びの時において身体の技量や能力に気づき、個性を育み、他者から学び、集団の全体を理解し暮らしの知恵を身につけてきた。これに対して拡大してきた勉強の時は、子どもの心身の活動を閉じこめて、ひきこもる個体をつくりだしたのである。

個体は孤立であり、他の個体との連携を欠く。個体はライプニッツのモナドのような宇宙を映し出す窓さえももたない。個体は個室に閉じこもる。それゆえ個体の集まりは他との交わりを欠いた群にすぎず、有機的な共同体からほど遠いところにある。それゆえ、勉強のための授業でさえも成立しがたい。

子どもは身体の感覚及び感情の生育を阻害されて他者に無関心になるか他者と関わりをもつことに不安を抱くかする。行動は自己中心的になり激発することもある。私的欲望だけが肥大して、世界ないし他者を否定していく。このため学校においてもカオスが生まれ、無気力、無関心が広がり、暴力が現われる。

こうして、学校はその秩序を守るために教科の勉強に加えて道徳の勉強を子どもに求めることになる。

学校と地域共同体は特定の欲望及びそれが構築した技術のシステムによって侵蝕されてきた。特定の欲望とは時間・空間の征服を第一義とする欲望のことである。時間・空間の征服とは合理と効率化のことであり、そのなかで人は時間と空間を細分化されてあてがわれる。そこで人は能率よく生産に従事するのである。

こうして宇宙をも含んだ超越的な意味の世界は家族からも地域からも消え去った。家族も地域も聖なる意味を内蔵した時と場をもたない。生きる時と場がここにはない。それゆえ子どもたちは合理や効率の他に学ぶものがなくなっている。

とはいえ、数量として細分化される抽象的な時間・空間にあっても、それは人が作りあげたものであるかぎり、なお人と人との結びつきが可能であるような土台を残す。それがなければ現代の社会システムも崩壊するからである。それゆえ、公共あるいは世間というものはつねに責任ある自立した人間をも求めるのである。

この要求は家族や地域が果たしえないところへ来ているがゆえにますます切実になっている。いまでは親はなくとも子は育つというのは楽観にすぎている。親がいても子は育たないというのが実情である。

児童虐待、家庭内暴力、子どもの放置が家族の中で生まれている。普通の親たちの多くも子育てに自信を失い、学校の協力なしには子どもの教育はできないと見ている。そして、親たちは国家とともに学校に道徳の教育が導入されることを望むのである。

もっとも学校で道徳の教科を教えることについては過去の歴史的出来事を教訓にして反論がなされた。すなわち戦前の国家主義教育は修身を中心に教育勅語（明治二十三年成立）を子どもに暗唱させ、子どもが天皇国家の忠臣になるよう指導したのであった。それに歴史においては神話を教えて、問いかけ考える自由を子どもから奪ったのである。「かくあるべし」「かくなるべし」と要求する道徳を再び学校が行うのではないかと思い、学校が道徳の教育を行うことに異議を唱えることも理のあることであった。

本来学校は知の教育すなわち読書算を手はじめに自然や社会についての知識を教えるところであった。何を信じ、いかなる人を愛し、何に責任を持つか、どのような人間になるかは家族が教え、最終的には個人が自ら決めることであろう。国家が方針を示し決めることではなかった。国家は学校を建て、教員を配し、設備をととのえて、外から子どもの人間形成を支援するはずのものであった。人間の育成に国家がその目的を示して介入することはむしろ不当であった。

そのうえ道徳は一般の教科のようには教えることはできない。いったい道徳を勉強するということがありうるのか。勉強は知識の理解、習得にあるのではないか。

道徳は理解する対象であるよりか、むしろ自己が同一化せねばならないものであるが、それは容易なことではない。同一化に際しては自己の内部に動揺や葛藤が生まれるからである。その意味で道徳は規範として自己に迫るものである。

そして道徳を教える教師はいるのかという問いがある。教師は中学においては社会、数学、英語などの専門を教える人であり、小学校においても教科を教える人として子どもの前に立つ。道徳は教師の専門教科ではない。

道徳は教科ではないとすれば、道徳の教育は教師の資質によって教えられるほかはあるまい。教師の能力ではなく資質であるとすれば、それは教師の人格の他はないであろう。そうであれば道徳を教える教師は人格において優れていることが必須となろう。

しかしそのような人物がいくらもいるであろうか。それを教師に要求することはできない。なぜならそうした要求は何人にとっても過大で達成困難なことであるからである。この要求は教師になろうとする者がいないようにするか教師になっても偽善的に振舞う者をつくるであろう。

とはいえ、それでも道徳を学校で教えることが決定された。国家がそれを求め親たちの多くもそれに賛同したからである。

5　道徳の勉強

学校はすべての子どもたちを平等に扱った。労働から解き放たれた子どもたちはここで自由に過ごすことができた。学校は子どもにとって自由と平等の砦にもなった。子どもたちは依怙贔屓をする教師を嫌ったし、教師たちも子どもを公平に扱うようにしていた。

ところが学校の教育が知識のみならず道徳の教育をも引き受けたとき子どもは学校に囲い込まれ、生活の細部にわたって監視されることになった。それゆえ子どもたちから自由と平等が遠ざかっていった。

戦前の修身教育は天皇国家崇拝のイデオロギーの教育であったが、子どもたちはその教育を受けたにもかかわらず依然として労働と遊びの生活を続けていた。自然があり、遊ぶ仲間があり、地域共同体のなかの労働があった。子どもは国家道徳によって心の成育を阻害されたわけではなかった。

これに対して、現在では子どもは生きる時と場を失ってしまった。ここで学校が行う道徳の授業ないし教育は子どもの行動のすべてを視界に収めようとする。勉強か室内での遊びしか持たない子どもの生活は囲い込み、見張り、管理の対象になりうるのである。あたかもベンサムが考案した刑務所パノプティコンが、中央に万視塔なるものを設置して囚人を監視したように、学校は子どもの行動、生活を見ようとするのだ。個別化した生活情況では子どもの全容をとらえるのは、むしろ困難になっているのであるが、そのためにまた全容を見取ろうとする意志が働くのである。この意志の内奥にあるものは人間的関係の喪失から生来する子どもへの不信、大人たちの不安、したがって子どもを知り操作しようとする欲求である。

学校が道徳の教育を行うことの難しさがここにある。

戦後になって国家主義の道徳が払拭され、一九四七（昭和二十二）年三月教育基本法及び学校教育法が公布され、すぐに学習指導要領が制定されたのであったが、この時にはまだ道徳の教育は浮上せず、これは新設の社会科のなかで取りあげられていた。その後教育課程審議会は道徳教育の検討を行って「道徳教育のための手引書要綱」を出し、一九五五年には「社会科学習指導要領」を改訂してそのなかで道徳教育の位置を明確にしようとした。そして一九五九年には、道徳の時間を特設することを唱え、学習指導要領に「道徳」が加えられ「道徳指導書」が作成されたのであった。

一九五八（昭和三十三）年になって学校教育法施行規則が一部改訂され道徳の時間が小、中学校に義務づけられることになった。これは各学年において毎週一時間以上継続して行うものとされた。さらに一九八七年には教育課程審議会は「学習指導要領」の改訂を文部省に答申し、これを受けて文部省は一九八九（平成元）年三月幼稚園、小学、中学、高等学校の学習指導要領を改めて告示した。

この新しい指導要領は臨時教育審議会が三年間、四次にわたって答申した案の内容を反映したものであった。それは時代の要請に応じるため「今日の青少年にみられる規範意識の低下」に対して「学校における道徳教育の活性化」と「家庭・地域における徳性涵養」をねらったものであった。

続いて一九九八（平成十）年十二月には学校教育法施行規則の一部改正と中学校学習指導要領の改訂が行われた。ちなみにその第一章総則第一の二では道徳について次のように述べている。

学校における道徳教育は、学校の教育活動全体を通じて行うものであり、道徳の時間をはじめとして各教科、特別活動及び総合的な学習の時間のそれぞれの特質に応じて適切な指導を行わなければならない。

道徳教育は、教育基本法及び学校教育法に定められた教育の根本精神に基づき、人間尊重の精神と生命に対する畏敬の念を家庭、学校、その他社会における具体的な生活の中に生かし、豊かな心をもち、個性豊かな文化の創造と民主的な社会及び国家の発展に努め、進んで平和的な国際社会に貢献し未来を拓く主体性のある日本人を育成するため、その基盤としての道徳性を養うことを目標とする。

道徳教育を進めるに当たっては、教師と生徒及び生徒相互の人間関係を深めるとともに、生徒が人間としての生き方についての自覚を深め、家庭や地域社会との連携を図りながら、ボランティア活動や自然体験活動などの豊かな体験を通して生徒の内面に根ざした道徳性の育成が図られるよう配慮しなければならない。

さらに中学校学習指導要領第三章道徳の目標と内容は次のとおりである。

第一　目標

道徳教育の目標は、第一章総則の第一の二に示すところにより、学校の教育活動全体を通じて、道徳的な心情、判断力、実践意欲と態度などの道徳性を養うこととする。
道徳の時間においては、以上の道徳教育の目標に基づき、各教科、特別活動及び総合的な学習の時間における道徳教育と密接な関連を図りながら、計画的、発展的な指導によってこれを補充、深化、統合し、道徳的価値及び人間としての生き方についての自覚を深め、道徳的実践力を育成するものとする。

第二　内容

一　主として自分自身に関すること。
(一)　望ましい生活習慣を身に付け、心身の健康の増進を図り、節度を守り節制に心掛け調和のある生活をする。
(二)　より高い目標を目指し、希望と勇気をもって着実にやり抜く強い意志をもつ。
(三)　自立の精神を重んじ、自主的に考え、誠実に実行してその結果に責任をもつ。
(四)　真理を愛し、真実を求め、理想の実現を目指して自己の人生を切り拓いていく。
(五)　自己を見つめ、自己の向上を図るとともに、個性を伸ばして充実した生き方を追求する。
二　主として他の人とのかかわりに関すること。
(一)　礼儀の意義を理解し、時と場に応じた適切な言動をとる。

(二)　温かい人間愛の精神を高め、他の人々に対し感謝と思いやりの心をもつ。
(三)　友情の尊さを理解して心から信頼できる友達をもち、互いに励まし合い、高め合う。
(四)　男女は、互いに異性についての正しい理解を深め、相手の人格を尊重する。
(五)　それぞれの個性や立場を尊重し、いろいろなものの見方や考え方があることを理解して、謙虚に学ぶ広い心をもつ。

三　主として自然や崇高なものとのかかわりに関すること。
(一)　自然を愛し、美しいものに感動する豊かな心をもち、人間の力を超えたものに対する畏敬の念を深める。
(二)　生命の尊さを理解し、かけがえのない自他の生命を尊重する。
(三)　人間には弱さや醜さを克服する強さや気高さがあることを信じて、人間として生きることに喜びを見いだすように努める。

四　主として集団や社会とのかかわりに関すること。
(一)　自己が属する様々な集団の意義についての理解を深め、役割と責任を自覚し集団生活の向上に努める。
(二)　法やきまりの意義を理解し、遵守するとともに、自他の権利を重んじ義務を確実に果たして、社会の秩序と規律を高めるように努める。

（三）公徳心及び社会連帯の自覚を高め、よりよい社会の実現に努める。
（四）正義を重んじ、だれに対しても公正、公平にし、差別や偏見のない社会の実現に努める。
（五）勤労の尊さや意義を理解し、奉仕の精神をもって、公共の福祉と社会の発展に努める。
（六）父母、祖父母に敬愛の念を深め、家族の一員としての自覚をもって充実した家庭生活を築く。
（七）学級や学校の一員としての自覚をもち、教師や学校の人々に敬愛の念を深め、協力してよりよい校風を樹立する。
（八）地域社会の一員としての自覚をもって郷土を愛し、社会に尽くした先人や高齢者に尊敬と感謝の念を深め、郷土の発展に努める。
（九）日本人としての自覚をもって国を愛し、国家の発展に努めるとともに、優れた伝統の継承と新しい文化の創造に貢献する。
（十）世界の中の日本人としての自覚をもち、国際的視野に立って、世界の平和と人類の幸福に貢献する。

これをみれば道徳の教育はすべての人々の生涯にわたる理想を目指しており、したがって誰にも妥当するが誰も実現することが困難な要請となっている。それゆえ、この理想を子どもたちに学ばせることは不可能ではないか。地域共同体が崩壊し、家族が解体し、学校が荒廃しているところで、いかなる手立てが道徳を教えるのであろうか。生きる場が失われているところで、この教育を強行すればそれは規制、管理となってしまうのであろう。そうすれば子どもはあてがわれた勉強部屋に閉じこもることになろう。

6 道徳の学び

道徳は本来人と人とが関わり合って生きる現実の暮らしのなかで学ばれるものであった。なぜなら道徳は人や自然、あらゆる生き物を大切にすることを根幹にしているのであって人をはじめとする生きもののいないところで学ばれるはずはないからである。

生きるものが希薄になった地域や家族は、道徳の学びを人為的な制度としての学校に委ねることになった。もっとも学校は人工のものであるとはいえ、そこにはそれぞれの生活をもった人々が集まっている。人が集まっているからには人と人との関わりも問われることになる。

本来学校は家族のような宗教、生産、消費、伝統といった諸々の働きを含んだミクロコスモスではない。学校は学習を目的として設立された施設であった。だがそのなかにも子どもたちと教師とが交わって生きる暮らしがある。暮らしがあるところには必ず道徳がある。学校にもまた道徳が生きており、学校自体が道徳を不可欠としている。道徳は人間が生きる生き方を問うものであるとすれば、学校のいついかなるところにあっても道徳は現われるのである。

学校は教科の知識を教えるのであって、道徳は家族や地域のなかで学ばれるものという見方は道徳を狭義にとらえるところから生まれる。それゆえ、道徳は教科の授業をしているところにも現われている。いかなる教科を教えるにせよ人がいるかぎり道徳は流れている。その意味で子どもや生徒は教科の指導を受けながらも、つねに教師が意図せざるものすなわち教科プラスアルファを学んでいるのである。

道徳は教科と同じ構造をもってはいない。教科は一般化されたものであり、これは理解されるべきものである。算数、理科、社会、国語あるいは数学であれ、これらは子どもや生徒が理解したことをもって教育したというものである。だが道徳に関してはその命題を理解したことがそれを教えたことでも学んだことにもならない。そもそも道徳を理解するということ自体があいまいで、さらなる検討を要することである。

たとえば「嘘をつくことは悪い」という命題については、嘘が何であるかは一応の理解がえられはする。嘘とは相手をあざむく意図をもって表された広義のことば（言語、身振りなど）である[14]。だが悪いとは何か。なぜ悪いのか。嘘をつくのは悪いとは嘘をつくなということであるのか。したがって「悪い」とは「するな」という命令のことであるのか。そうであれば誰が命令者であるのか。もし子どもがそう受けとるとすれば、「嘘をつくのは悪い」を理解するということは命令者に従うことと同義になるのか。

いったい命令とは何であるのか。それを下す者は個人であるとしても個人は集団ないし社会を代表しているのか。それゆえ命令は集団の意志や感情を表しているのか。

道徳を感情と見る者は多い。たとえばアダム・スミスやディヴィド・ヒュームがそうであった。スミスは文字どおり『道徳感情論』を著し、ヒュームは『人間性論』において道徳は「ある（be）」ではなく「べき（ought to）」によって表されるとし、その根拠は感情（emotion）であるとしたのであった[15]。

スミスやヒュームにおいては感情が人間性の中核であった。これと同様に、現代では論理実証学派と称されていた人びとも道徳は感情の表現であると見ていた。シュリック[16]、カルナプ[17]、ライヘンバッハ[18]等のヴィーン学団及びイギリスのエイヤー[19]、スチーブンソン[20]たちがそうであった。彼らは一様に道徳の命題は実証可能な事実や論理を表明していないと見ていた。したがって道徳に関しては真偽を決定する規準も合理的な方法もない。それゆえ道徳は感情の表明であり、しかも感情は主観であると語った。エイヤーによれば道徳は美と等しく価値を表すものであって、これは主観であり、ゆえに「価値の問題について論ずることは不可能である」[21]ということになる。

道徳は真偽の対象ではなく、客観的でなく、よって知識ではないとされたのであったが、これに疑念を呈する者も多い。

たとえばムーアは道徳の根拠を善と見て、その客観性を説いていたが、その立場から善を主観とする論説を批判したことがあった。すなわち「ある者が『この行為は正しい』といい他の者が『いや、正しくない』と答えるとき、両者とも自分自身の感情について主張しているのだとすれば、実際にはいかなる意見の違いも両者の間にはないことは明白である。」[22]

価値について語り、論じることができないとすれば沈黙するというのか。事実、ヴィトゲンシュタインにとっては価値は語りえぬものであった。ただし、価値は主観的であるために語りえないのではなく、それは言葉を越えた神秘的な何かであるがゆえに沈黙するほかはないというのがヴィトゲンシュタインの真意であった[23]。

だが日常の暮らしのなかでは、人は価値について語り、判断を下している。価値が主観的であるからといって語ることをしない者はいない。人は価値について語りかつ語ることができる。人は価値といわれるもの及びそれについての判断を表明し、相手や他者の同意や承認を求め、さらには説得をしようとする。

エイヤーたちも説得することができることを認める。むしろ道徳においては説得こそが重要であるのだ。すると、道徳の教育とは自己の価値主観つまり感情や欲求に従うように相手を説得する技術を学ぶことになるのであろうか。

もともと論理実証学派の主張は感情を主観と見たところに誤りがあった。この主張は人間の全体ではなく、孤立した人間の疲弊して自閉的になった状況にある感情を見すえていたのではないか。

人間の感情は本来他者との交流、生活、文化、歴史のなかで形成されてきたものであって、それゆえ他者と相互に共有し合う働きをもち、ことばによってそれは具体化されるのである。だからこそ人は他者に共感し、同情してその悲しみや苦しみをわが身に引き受けることができる。

要は、論理実証学派が自然科学と数学とによって抽象化された知識を現実と取り違える誤りを犯していたことによる。いわば、これはホワイトヘッドが語ったように、「具体者の取り違いの誤り」[24]なのであった。

実験と数学とを綜合して形成された自然科学は世界を知る有効な方法であって、これが近代文明を前進させてきた。だが、これは唯一絶対の方法ではない。この方法は仮説と検証によって対象世界から因果の系を明らかにする。この系は絶対であるのではなく、絶対でありうるように人間の意志によって操作したものである。操作して出来上がったものは誰にとっても有効であるが、誰にとっても現実ではない。したがって論理実証学派に立つ人びとは現実において価値に関わる発言をすることはできるが、その発言は無意味だということになってしまうのである。もちろん、この立場にある人たちは、現実を生きている人びとが善と悪、正と邪、美と醜について判断し、相互に正当性を主張することを否定することはできない。互いに善いもの、望ましいものを求めて生きることは一方的に相手を説得して判断や意見を変えさせることとは別のレベルに関することである。未だ善とか悪を見出した者はないとしても、その実在を原的に体験し、信じ、共に問い続けることは可能である。

実は探求ということにおいては自然科学や数学における真理も現実の生活における善も同じ地平にある。いずれも探求を必然とする。そして、自然科学や数学は世界との出会いによって創造され客観化されたものであるからには、探求を成立させる一方の主体である人間に関与して人間性を高め、現実へと転換されるのである。それゆえ、客観化された知識を人間の現実の外において、それを絶対と見て人間の現実を主観的な感情の行き合いととらえるのは現実の転倒というべきである。

教育は大人である者が客観化された知識を子どもに伝えることにつきるものではない。何を教えるにせよ教育は本来問いを示し、探求すること、そして探求する力を生み出すものである。これは道徳の学びにおいてもいえる。

道徳はそれゆえ勉強ではなく自発的な問いによる学びを不可欠とする。したがって学校においても道徳の勉強ではなく道徳の学びが主とならねばならない。

教育とは教師と生徒、大人と子どもとが共に真実を求めて探求し、その過程において何かを創造することであれば、教師は教科だけではなく道徳の学びにも加わることができる。教師は必ずしも生徒たち以上に偉大な人格であることを前提とせずに、普通の人間として生徒たちと共に偉大な人格を求めることが肝要なのである。

偉大とは、偉大なものを求めて止まないことであるともいえる。親鸞や中江藤樹、吉田松陰のような人びとは弟子と共に偉大なものを求めて歩んだのであった。そしてソクラテスもまたそのように生きたのである。

ソクラテスは『弁明』のなかでこう語っていた。「然るに私は、未だ曾て、何人の師にもなりはしなかった。」[25]「わたしは、まだだれにも何の知識を授ける約束もしたことはなし、またじっさいに教えたこともない。」[26]

何人の師でもなく、教えようと思ったこともなし教えたこともないというソクラテスは何をしようとしたのか。

プラトンが著した「対話篇」のソクラテスは一貫して、人間が美しく善く生きるとは何かを探求していたといってよい。これは広義において徳を学ぶことの問題でもあった。なかでも「プロタゴラス」と「メノン」は「徳は教えられるのか」を正面から探求したものであった。

ここでソクラテスが語ることは、徳は一方的に教えられるのではなく、共に探求されるべきものであり、この探求のなかで生み出されるものであった。

「私のところへ度々来て、私と交わる人たちの中には、初めははなはだ無知と見える者もあるが、話し合いが進むにつれて神が好しとした人たちはすべて驚くばかりに進歩して、彼ら自らにも他の人たちにもそれが認められる。しかも明らかに彼らは私からかつて何事をも学んだことがなく、むしろ自ら自己の中に多くの美しい真なるものを見出し産み出すのである。」[27]

この探求すなわち対話のなかでソクラテスは助産することだけを試みたという。[28]

以上のことはプラトンが『第七書簡』で語ったものに通じるであろう。すなわち、「そもそもそれは、ほかの学問のようには、ことばでは表現されえないものであって、むしろ（教える者と学ぶ者とが）生活を共同しながら、その問題のことがらを直接に取り上げて、数多く話し合いを重ねてゆくうちに、そこから、いわば飛び火によって点ぜられる燈火のように、突発的に、学ぶ者の魂のうちに生じ、生じてからは、生じたものそれ自体が、みずからを養い育ててゆくという、そういう性質のものなのですから」[29]。

もちろん、ソクラテスは徳を助産しようという意志があり、学ぶ者の心底には徳を生みたいという願望がある。教育が生起するところには必ずこのような意志や願望がある。ソクラテスは教えようと思ったことはないと語ったのであったが、助産の意志を放棄したのではなかった。意志は決意として具体化される。助産への決意なしには対話は成就しなかったはずである。だが、いったん対話が始められると、教える者と学ぶ者との間には産ませ、産もうという意志や願いは消滅する。そこでは純粋な対話だけが浮上して、それが続けられる。すなわち対話のなかに両者は引きずり込まれ、対話における探求だけに生きる。いわば両者は当初は意志し願いつつ、ついには意志し願ったことを放出して対話の時を生きる。その時において真なるものが生まれ出るのである。ギュスドルフが語ったことであったが、「教育に関する根本的な現実は成熟の度合の異なる二人の人間が向き合い、触れ合っているうちに行われる幸運な対話」[30]なのである。

道徳の学びがこのようなものであるからには、これは一斉授業における教科の学習のように方法化することはできない。その評価も至難であるだけではなく、それを数量化して表すことなどできるわけがない。その評価は児童・生徒の日常における言動、振る舞いにおいて、全体として感知するほかはない。したがって道徳の学びを助成するといっても、それは徒労ではないかと思われもする。道徳の学びは、技術や知識の習得のように訓練によって、時間の経過のなかで強化されていくものでもない。であれば、道徳の学びは待つこと、あるいは忍耐することが欠かせないことになる。

道徳の学びは教える者にも学ぶ者にも祈りに近い。意図しつつも意図しないときに目的が成就されるという逆説がこの学びにはある。この逆説は道徳の授業においてさらに顕著になる。

道徳の授業は教科の授業と違って、教科の内容を理解させることが目的ではない。道徳の授業は教材が何であれそれを通して自己の成就すなわち他者に対して責任をとることのできる人間を育成するものである。それゆえ、児童・生徒に徳目や道徳的事項を直接説くことはない。それを説けば、それらは説教となって子どもたちの自我は反発することになる。説教はそれを説く者への絶対的信、帰依によってだけ意味をもつのである。

道徳を語る親や教師たちと子どもの間にはそのような信はない。それゆえ、道徳の授業は人びとの生き方、暮らしの生き様を見聞させて学びを進める他はない。そこでは、文学や詩、絵画、音楽、彫刻、映画、演劇などにおける人間の善と悪、歓びと哀しみ、生と死、孤独と愛などに児童・生徒がふれることが期待される。この意味で道徳の授業は間接的なのである。

7　生きられる場の復興

日本の学校は明治政府によって人為的につくられたとはいえ、まだ子どもが生きることのできる場でありえた。学校には地域における身分や貧富の差を離れた平等や自由といったものがあって、子どもたちはそこでは大人たちのそうした桎梏から解放されるのであった。家族の労苦から逃れた子どもが遊ぶことのできる時間と場所を学校は確保したのであった。学校は子どもたちの隠れ家でもあった。登校下校の時は道草の時であり、それは子どもたちの心を豊かにした。

だがいまは、学校は勉強の時を費やさせるだけになって、それによって子どもの生活態度、行動の全体を管理するかに見える。子どもの行動についての情報を集め、子どもの生活のすみずみまで目を光らせて、子どもを生産を第一義とする社会秩序のレールに乗せようとする。

自己の生活のすみずみにまで大人たちの監視があるという意識は、子どもの自由を奪い、次第に大人たちの意に沿うような行動をとらせることになる。ちなみにベンサムが考案した円形監獄、一望監視施設はそのようなものであった[31]。さらにアーサー・ミラー著『大司教の天井』[32]は人の一挙一動をも見逃さない監視によって、当人の行動と考えが監視者のねらいに沿うように変えられていく有様を描いていたが、まさに子どももそのような状況におかれているのだ。

道徳的成熟は共に学ぶ者たちが教える者と習う者へ、さらには見張る者と見張られる者とへ分断されていくところでは生まれない。道徳の学びは人と人とが出会い、ふれ合う現実のなかで起こる。ここには教える側の一方的な働きかけはない。「教育的に実りあるものは教育的意図ではなくて教育的出会いである」[33]とブーバーは語ったことがあったが、この出会いのなかで「偉大な性格の構造への洞察」を進め、「欠乏の感情が意識の明晰さと願望の力になること」[34]を助けることができるとしたのであった。

学校は抽象的な知識を伝える工場ではなく、生きられる場を構築せねばならない。学校はこのため自由な交わりの場を拡大して自然との関わり、仲間との生活、地域への協同活動が可能となる体験を用意せねばならない。そのなかで子どもたちは共生・共同・協力を体験し、自然、仲間、地域集団に対して責任を負うことを学ぶのである。

教育する者はそのような生きられる場のなかではじめて道徳の学びを可能にする。この生きられる場は人と人とが対面する直接性であり、そこで道徳的な助言、勧告、対話が生み出されるのである。

生きられる場があるかぎり教育者は学校においても道徳の学びに直接参与することができる。道徳の授業が間接的形成であれば生きる場における参与は「直接的形成」[35]であるといえる。

生きられる場は現実の状況そのものであって、これは不確かさにみちた、予測を裏切る、偶然の世界である。いつ、どこで何が起こるのかわからないのが生の現実である。したがって教育にある者は実践的判断をその都度求められる。これは即座に、説得ある仕方で判断を下さねばならないのである。ここには判断のマニュアルごときものはない。教える者はこの判断のなかで子どもの自己をたしかにし、自己と他者との対話、いわば共感と責任の関係を喚起せねばならないのである。ここで克服されるべきことは、私的欲望としての自我であって、同時にそれは他者を対象化し、支配する知からの脱出である[36]。

当然のことながら真に教える者は子どもを操作しようという意図を捨て、全身でもって子どもの前に立つ。このとき怒りも叱責をも起こりうる。もちろん、これは子どもの人格を否定するものではない。それは子どもが人間ないし生命あるものの尊厳を干犯した時に起こる怒りであり、叱責である。

かつて「E・T」なる映画があったが、宇宙生命体であるE・Tが人間と目される所以はかれが共感することができる点にあったといえる。共感といえば、アダム・スミスは『道徳感情論』のなかで道徳の基底に共感をおいたものであった。そして、この共感は現実の暮らしのなかで学ばれるとしていた[37]。

共感とは共に苦しみ、悲しみ、喜ぶこと、いわば他者と感情を共にすることであろうが、共感であれ、愛であれ、責任や誠実であれ、これらはいずれも自己の成熟なしには可能なことではなかった。この自己はいまここにいて、なおそれを越えてあのとき、かのところにある人に向かって自脱していく柔構造をもつものである。ゆえにこの自己は開かれた自己である。

このような自己の働きである共感の成立には、第三者による訓育や外圧、規則が無効であることは明らかであろう。この自己は現実のなかで生身の人間との対話もしくは対決によって現成するのである。ここでまたソクラテスの対話が生きてくる。対話によって自己は新たな自己を産み出すのであり、それに至るプロセスにおいて教える者は助産するのであった。そして、まさに新しい自己が生まれるための助産であるがゆえに、たとえソクラテスはそのことをさりげなく語ったとしても、それはリスクの高い難業でもあった。

もともと生きるとは、このような生の現実に立つことであってみれば、学校もまた知の学習への偏りを脱して、生きられる時と場を創造する時期に来ているというべきである[38]。これが可能となったとき子どもの暮らしは真の豊かさに満ちるであろう。

注

1　M. Ende, MOMO, 1973.『モモ』大島かおり訳、岩波書店、一九七六年。
2　M・J・ランゲフェルド『教育の人間学的考察』和田修二訳、未来社、一九六六年、六十三―六十四頁。
3　本多勝一『ニューギニア高地人』講談社、昭和四十六年、一八三―一八八頁。
4　A. N. Whitehead, The Aimes of Education & Other Essays, Williams & Norgate himited, London, 1929, p.67.
5　J. Piaget, La formation du Symbol chez l'enfant, 1945.『遊びの心理学』大伴茂訳、黎明書房、一九六七年。
6　J. Huizinga, Homo Ludens, 1938,『ホモ・ルーデンス』高橋英夫訳、中央公論社、一九六三年。
7　R. Caillois, Le jeux et les hommes 1958.『遊びと人間』清水幾太郎・霧生和夫訳、中央公論社、一九七〇年。
8　E. Fink, Oase Glücks — Gedanken zur einer Ontlogie des Spiels, 1957.『遊戯の存在論』石原達二訳、せりか書房、一九七一年。
9　J. Henriot, Le jeu, 1969.『遊び』佐藤信夫訳、白水社、一九七四年。
10　F. Fröbel, Die Menschenerziehung, 1826.『人間の教育』荒井武訳、岩波書店、一九六四年。
11　F. Schiller, Über die ästhetische Erziehung des Menschen in einer Reiche von Briefen, 1794.『人間の美

的教育について』新関良三訳、世界大思想全集　巻二十二、河出書房、一九五三年。

12　パスカル『パンセ』前田陽一、由木康訳、中央公論社、世界の名著二十五、昭和四十一年、一三九—一四三頁。

13　カイヨワ『遊びと人間』前掲訳書、七十九頁。

14　S. Bok, Lying Moral Choice in Public and Private Life, 1978.『嘘の人間学』古田暁訳、ＴＢＳブリタニカ、一九八二年、三十二頁。

15　D. Hume, A Treatise of Human Nature, 1740, Edited by L. A. Selby-Bigge, Oxford Clarendon Press, 1928, p.469.

16　M. Schlick, Fragen der Ethik, wien Verlag von Julius Springer 1930, pp.77-78.

17　R. Carnap, Philosophy and Logical Syntax, 1935, p.22.

18　H. Reichenbach, The Rise of Scientific Philosophy, University of Calfornia, 1951, p.276.

19　A. J. Ayer, Language, Truth and Logic, 1936.『言語・真理・論理』吉田夏彦訳、岩波書店、一九五五年。

20　C. L. Stevenson, Ethics and Language, 1944.

21　エイヤー、前掲訳書、一三五頁。

22　G. E. Moore, Ethics, 1912. Oxford University Press, Maruzen Company, 1958, p.63.

23　L. Wittgenstein, Tractatus-Logico-Philosephicus, Routledge & Kegan Paul, 1972, p.150.

24　A. N. Whitehead, Soince and Modern World, Camridge at the University Press, 1953.(1st ed. 1926) p.72.

25　Platon, Apologia Socrates, 33.『ソクラテスの弁明』久保勉訳、岩波書店、昭和三十六年。

26　Platon, ibid, 33b.『世界の名著』田中美知太郎訳、中央公論社、昭和四十一年。

27 Platon, Theaetetus, 150 d, Plato's Theory of Knowledge, by F. M. Cornford, The Liberal arts Press, New York, p.26.

28 Platon, ibid 150 c.

29 Platon, Epistulae, 341 c-d. 『世界の名著七』長坂公一訳、中央公論社、昭和四十四年、四六〇—四六一頁。

30 G. Gusdorf, Pourquoi des Professeurs? Paris, 1963. 『何のための教師』小倉志祥・高橋勝訳、みすず書房、一九七二年、四十八頁。

31 山田孝雄訳『ベンサム功利説の研究』大明堂、昭和三十六年、第四章三節。

32 アーサー・ミラー「大司教の天井」、『アーサー・ミラー全集VI』早川書房、一九九八年。

33 M. Buber, Reden über Erziehung, Verlag Lambert Schneider, Heidelberg, 1969, p.58.

34 Buber, ibid, pp.69-71.

35 The Educational Philosophy of Jaques Maritain, ed. by D. A. Gallagher, 1962. 『人間の教育』梅村敏郎訳、九州大学出版会、一九八三年、一三四頁。

36 ちなみにブールジェ著『弟子』は心理学が他者を対象化し、操作・支配の知に供されることを描写して興趣深い（岩波文庫参照）。

37 A. Smith, The Theory of Moral Sentiment, The 8th, Printed for A. Strahan, in the Strand, 1797, Vol.1, p.38, pp.78-79, 1st ed., 1759.

38 ランゲフェルドは学校は人生の道場のようになることを期している。『教育の人間学的考察』和田修二訳、未来社、一九七三年、一九二頁。

第5章　子どもの時

はじめに

人身御供や人柱の話は民俗の説話や伝承のなかで少なくはない。ボルネオ島南西部ラジャン川の上流にある、イバン族の村を調査したときも人柱の話を聞いた、と岩田慶治は述べていた。「村長の話では、……覚悟をきめて、名指された人間は『ハイ』といって柱穴に入ったという……。泣き叫び、逃げ廻るどころか『ハイ』といって、生から死におのれの歩みを歩んでいったというのである。」[1]

修業をつんだ高僧や聖者ならばいざしらず、未開の名もない人が「ハイ」と覚悟をきめて死への歩みを歩むということは、不思議なことではある。これは、死の恐怖に脅え、癌《がん》と聞いただけで気を失いそうになり、たえず健康法に気を配り、寿命を伸ばすことに執心しているわれわれと好対照である。

おそらく、こうした話は、われわれの世界とは異なった世界を所有するであろう。その内実は、時間・空間、とりわけ時間の異質性にあるのではあるまいか。もしそうであるとすれば、時間の論究は、現代の時間の構造、したがって、人間の生と死及び成長発達を目指す子どもの教育に新たな光を投げかけるにちがいない。この章は、そうした試みのひとつである。

1　生きられる時間

生命の危険への恐怖は人間のみか動物にもある。しかし、遠い先の自己の死に対する恐怖は人間だけのものであろう。われわれは、遠い先の死を想ってそれに怯えるのだ。もちろん、遠い先とは年月で量られる時間の長さのことである。すると、時間の計量のできない人びとには遠い先は存在するであろうか。計量とは数量化することである。もちろん、時間の数量化を知らぬ人びとも時を感じることはできる。生理学及び生化学の知見によると、間脳の視床下部に癒着している一対の丸い神経細胞集団、すなわち視交叉上核に時間を感じる部分があるという。さらに、この視交叉上核に内分泌腺としての働きをする松果体が関与しているといわれる。これらが、時間を感じるのにどういう機能を果しているかは、まだ明解ではないが、ともかく重要な働きをしていることは知られている。それは、生体リズムをつかさどる生物時計として、自然のリズムを感じとるのである。したがってその時間は生物的な、生きられる時間といえる[2]。

生物時計は、太陽の照射の下で、昼夜の周期からなるリズムを感じ、それに反応する。こうしたリズムには、人間を含めた地上のあらゆる生物が従うものであろう。ところが、生物的な時に比べると遠い先の数十年あるいは無限の将来の時というのは、全く特殊な時間である。時間の数量化を知らぬ人びとには、それは考え及ばぬことであろう。

人間は共同体をつくり、その中で言葉を用いる動物である。多くの事物、出来事、あるいは人間の思いや感情が言葉で表現される。それでは、時間という言葉はいつの頃現われたのであろうか。文化人類学の知見は、スーダンのヌアー族の時間について説いている。「彼らは、我々の言語でいう『時間（time）』に相当する表現法をもっていない。そのため、彼らは時間について、我々がするように、それがあたかも実在するもののごとく、経過したり、浪費したり、節約したりできるものとしては話さない。」[3]これは、ヌアー族だけではない。ビルマのカチン族にも見られるという。おそらく、人類の原初においては、「時間」という言葉は存在しなくて、それはずっと後に現われたにちがいない。

時間、われわれはそれを過去、現在、未来という区分においてとらえる。ここには、刻々と移り往く現在をはさんだ無限の過去と未来がある。ところが、文化人類学者のムビティらによると原初的社会には過去、現在、未来という時間区分は存在しないという。フォースによると、北アメリカの「ホビ族にとって、時間は、かつてなされたことのすべてが『のちになってゆく』ということであるから、おなじようにくりかえしは浪費されるのではなく、蓄積されるのである。それはあとのできごとまでもちこすような、目に見えない変化を蓄積することである。すでに見たとおり、それはいわば日のくりかえしが同一人の再訪と感じられているようなものである。」[4]だから、ホビ族においては過去は蓄積され、われわれにおいては消え去るのである。

ケニアのカムバ族出身のムビティは、アフリカ人の時間意識には事実上未来は存在しないという[5]。この場合の未来とは、われわれのいう抽象化された時間が、独立して進んでいく未来の意である。カムバ族について考えられる「未来」とは、生が躍動しうる具体的な活動を期待することであろう。

われわれの世界では時間がひとりで経っていく。原初の社会では、時は人びとの生から離れることがない。ゆえに原初の人びとは先の事を考えて働くことはないであろう。ましてや、われわれが日頃考えるような老後の事など思いもしないであろう。かつてシュヴァイツァーは、彼が雇い入れたアフリカの黒人労働者の怠けぶりに堪忍袋の緒を切らしたという[6]。しかしやがて彼はわれわれと彼らとの世界観の違いに気づく。「黒人は怠惰ではなく、自由人なのだ。」[7]「わたし自身の経験から言えば、十五人の黒人が三十六時間ほとんど休みなくカヌーをこいで、重症の白人を下流から連れてきたことがあって以来、黒人の怠惰さを平然と口にする気にはなれなくなった。」[8]黒人は事によっては実によく働く。つまり、事情によって要求される程度だけ働くのである。

未来という時間意識が存在しないのは酷暑のアフリカ住民にかぎらない。それは、酷寒のカナダ・イヌイットにもあると見てよい[9]。

それではなぜ未来という時間の意識が存在しないのか。それは時間と生活がひとつになっているためであろう。時間の意識が生まれるためには、時間という言葉が生まれること、及び時間を量としてとらえるための数の観念がなければなるまい。けだし、われわれは言葉によって時を意識のなかにひとつの観念として顕在化させ、数によってそうした観念を区分し、定量化し、あたかも実在するもののごとく扱うからである。

本多勝一はカナダ・ウスアクジュのイヌイットの数の観念について次のごとく述べる。「私たちはエスキモーといっしょに生活して、一度も『野蛮人』や『未開人』と感じたことはなかった。単に物質文明に恵まれないだけで、精神的にも感情的にもきわめて人間的な、ある面では私たち以上に人間的な人々であった。だが『数の観念』の欠如を知ったとさ、大きなカベを感じた。」[10]彼らは一日にとった狩猟動物を数えることさえかなりの決意を要したのだ。だから、「この状態は、計画性の欠如、計画経済の不可能な生活に結びつく。十人の家族が一カ月食べるのに必要なカリブーの数、十五匹の犬が一週間たべるセイウチの量といったことが、一切わからない。」それゆえ、イヌイットはたえず飢餓にさらされる。これを救うためには、食糧を与えるだけでは根本的な解決にはならない。「数の観念」の修得が第一の課題なのである。

数の観念の欠如は熱帯アフリカの原初的社会にも見られる。たとえば、ザイール共和国の奥地に住むピグミー族について、酒井伝六は語る。「ピグミーはキャンプの構成員を、数によってではなく、顔として知っている。一緒に狩猟に出た相手は、数によってではなく、顔によって記憶される。」[11]これが直ちに時間の観念の欠如に結びついている。「ピグミーは出生年の記憶をもたず、自分の年齢をいうことはできない。しかし、彼らは、だれより先に生まれ、だれよりあとに生まれたか、という出生順については正確な認識をもっている。そこに彼らの『時間』の感覚がひそんでいる。つまり、ピグミーにとっては、個人的には生きている時間の全体が分割不能の一つであり、共同体的には、出生の先後ということだけが関心事なのである。」[12]

これに似たことを、岩田慶治が北部ラオスの村を調査したとき[13]、また梅棹忠夫がアフガニスタン・ゴラート地方のモゴール族を調査したときにも語っている。梅棹忠夫によると、モゴール族の人びとは自分の子どもの数や年、自分の年を知らなかった。「年？　そんなもの知るものか！」「そもそも、一たいどうして自分の年を知ることができるのか？」「あなたがたは、年齢というものに、何か異常な関心をもっているにちがいない。」[14]これが彼らの答えであった。

もっとも、彼らが時について考えないというわけではない。何かのために、誰かと会うとき、場と時とを明らかにせねばなるまい。エヴァンス‐プリチャードはヌアー族の時の観念について次のように報告する。「一日を刻む時計は、牛時計であり、牧畜作業の一巡である。……（それは）牛舎から家畜囲いへ牛をつれ出す時間、搾乳の時間、成牛を牧草地へつれていく時間、牛舎や家畜囲いの掃除の時間……牛舎に家畜を入れる時間、等である。……だから、ヌアー族は、『乳しぼりの時間に帰ってくるだろう』とか『仔牛たちが戻ってくる頃、出発するつもりだ』という表現をする。」[15]

したがって、原初の社会の人びとに時の感覚がないわけではない。むしろ生々とした感覚をもって時を感じとるのだ。その時は、五感でとらえることのできる行為、出来事、いわば生きることであった。たとえば、平野仁啓は、古代の日本人はイネのみのりをもってひとつのトシとよんだ、という。稔がミノリにしてトシとよまれるのは、その証左なのだという[16]。それゆえ、古代の時は、ミンコフスキーが述べたような「生きられる時間」[17]なのである。

岩田慶治の論考[18]に基づいて原初の時を解釈するならば、それは次の如く示されるであろう。

「その一は振り子の時である」　原初の時間は、日と夜、朝と夕、労働と休息、あるいは生と死といった対極の出来事をくりかえし振動する時間である。したがって、朝が日に、夕が夜になるのではない。夜と日、朝と夕とは全く別の出来事であって、対極するそれぞれが、くりかえし生起するのである。

「その二は反復する時である」　自然がくりかえして現われるように、時間は反復し、回帰する。しかも永遠に。

「その三は流れゆく時である」　ただし、それは、「逝くものはかくの如きか昼夜を舎かず」といった近代的な時ではない。「伝統社会において流れる時は満ちる時であった。」時は流れゆくが、蓄積されながら流れゆく。だから時は過去を蓄積しながらいまに至る。その時は、自然の中に豊かに見られる。たとえばストレーローはこう説明する。「山や小川や泉や沼は、原住民にとっては単なる美しい景色や興味ある景観にとどまるものではない……。それらはいずれも後の先祖の誰かが作り出したものなのである。自分を取り巻く景観の中に、彼は敬愛する不滅の存在（祖先）の功業を読みとる。これらの存在はいまも、ごく短期間、人間の形をとることができ、その多くを彼は父や祖父や兄弟や母や姉妹として直接経験で知っている。その土地全体が彼にとっては、昔からあって今も生きている一つの家系図のようなものである。……それは、今日われわれの知っている世界を作り上げた全能の手がまだその世界を保持していた天地開闢の時代・生命の曙の時代に対する、原住民一人一人の自分自身の行動の関係なのである。」だから、「彼はいつも、愛情と尊敬の念をこめて自分の『生まれた土地』の話をする。そして今日、白人が――ときにはわざとでなしに――先祖の土地を汚したことを語るとき、彼の目には涙が浮かぶのである……。」[19]土地を汚され、あるときには奪われたりすることは、彼らにとっては、自分の生命を奪われること以上に辛いことであった。彼らは、生きることのみならず、死ぬことさえも奪われたからである。

その四「もう一つの時がある。それは共有する時である」　岩田慶治は、タイやカンボジアに次のような習俗があるという。「男が遠い旅に出ようとするとき、あるいは、戦争にゆこうとするとき、かれはチャンパーという木の若木を恋人に託す。男がまだ若くて、恋人がいなければ留守家族に頼んでもよい。この木を託された恋人は心をこめてこの木を育てる。木が丈夫に育っている間は旅の男も元気でいるに違いない。あるいは、無事に戦争から戻ってくるに違いない。……いうまでもなく旅人の時は木の時なのである。木と旅人は同じ時を共有しているのである。」[20]このように原初の社会の時間は、共同時間あるいは共時性であって、それは、まさに共に生きること、生きられる時をもつことであった。

2　抽象された時間

原初の社会では、時間は生きることの中にあった。生きることとは自然と仲間とともに生きることであった。したがって、時間は自然と人間との運動のリズムであった。ところが、自然及び共同体から人間が個として自立するようになるにつれて、新たな時間の観念が生まれ出るのである。もちろん、自然及び共同体からの人間の自立ないし疎外は、生産様式の変化いわば分業の拡大によって進められる。

夏木悠介は、比較社会学的考察によって、時間意識に四つの形態があると説く。原始共同体の反復的な時間、ヘレニズムの円環的な時間、ヘブライズムの線分的な時間、近代社会の直線的な時間である[21]。実は、この時間の形態は、生産様式の分業化によって生きられる時間が抽象化されて行く過程を示している。すなわち、分業化は共同体を分割して、各人に特定の生業をもつようにするので、共同体のもつ単一かつ共通の生業が示す時間、たとえば牛時間といったものを消失させる。さらに分業は自己の集団内のみならず他の集団との生産物の交換・交流を生む。すると、そこでは共通する時が設立され、また生産物に共通する価値基準を当てるために貨幣がつくられる。貨幣は、あらゆる生産物や労働の質を捨象する数の観念である。数の観念こそが分業・交換社会が求める共通の価値及び時間の観念を可能にするものである。

前七〇〇年頃のイオニアは、鋳貨の流通の発生地であるというが、この地で生まれたミレトス学派は、普遍「時間（クロノス）」の哲学的探求を眼目にしたという[22]。この時間は、数でとらえられるので、質を剥離して、均質の抽象的な量となる。後代のアリストテレス（前三八四—三二二）は、時間について次のように説く。「・・・時間は運動ではなく運動の数である・・・」[23]『時間』とはまさしく、そうしたもの、すなわち『より先』・『より後』という観点から見られたところの、運動の数」[24]なのである。ただ、ヘレニズムの社会は、分業の展開によって時間の数量化を進めたが、なおも自然とは親密であった。タレスに見られるように、哲学は自然の学であった。その自然はくりかえす。これには、アジアの密儀宗教に似ていたオルフィック教が影響したともいう。ちなみに、オルフィック教は人間は生と死という際限のない車輪の回転に縛られている、とされる。タレスと同じミレトス学派のアナクシマンドロスは「事物は、自ら生起したところのものへ、再び帰って行くのが定めである」[25]と述べたという。

自然の回転は時間の観念に投影されるのだ。それは円環としての時間を生む。アリストテレスはいう。「『〔時間において〕生成する諸事象は円周を描いている』と語ることは、そのまま、『時間は一種の円周を描いている』と語ることにほかならない。また、『時間が一種の円周を描く』理由は、『時間が円運動によって測られる』からなのである。」「それゆえにまた、『時間』は、天球の運動であるようにも思われるのである。なぜなら、この天球の運動によって、他の諸運動は測定されるし、また『時間』は、この天球の運動を標準として決定されるからである。」[26]

つづいて、ヘレニズムの影響を受けながらも、その円環的時間の秩序を突き破る時間のイメージが創り出された。ヘブライズムの時間がそうである。ヘブライズムの時間意識は、迫害と流浪のなかでたたきあげられた、ユダヤ民族の強烈な共同体意識と激しい砂漠の自然に対する人間的自覚によって生まれ出る。「聖書にまったくユーモアが欠けているのは…あらゆる文献のなかでもっとも特異なことのひとつ…」[27]とホワイトヘッドが述べるのも諾うことができる。ユダヤ民族の体験は特異であった。その時間意識は、自然のように回帰・反復するものではない。それは、一回きりの、くりかえすことのない、したがって線としての時間意識である。クルマンがいうように、その時間意識は、「連続する救済の線」であって、原始キリスト教の考えによれば、「時間は、一方において、神の永遠に反対するものでもなく、又他方において、円環ではなく直線として考えられている。なぜならば、『始め』と『終り』、が問題とされているからである。『始め』と『終り』とが区別せられるならば、直線がそれに適合した形だからである。」[28]

絶望的な状況にあっても、なお生き抜く希望があるとすれば、それは信仰によって生まれるであろう。ヘブライズムの時間意識は、神の国の民であるユダヤ民族の、このような信仰によって張られた線分である。したがって、この時間は数量的時間ではない。この時間は、神の支配が働いているという質的、具体的、かつ歴史的な意識である。

近代の時間意識は、ヘレニズムの時間意識から時間を数量としてとらえる意識を、ヘブライズムの時間意識からは時間を直線としてとらえる意識を受けついで、生育する。それは、共同体の崩壊及び自然からの人間の離脱、すなわち共同体及び自然からの個の疎外・自立に対応する。

ニュートンは、近代の時間意識の本質を示す。「絶対的な、真の、数学的な時間は、それ自身で、そのものの本性から、外界のなにものとも関係なく、均一に流れ、別名を持続ともいいます。」[29]ニュートンの時間は、数量・均質化された、不可逆の、無限に持続する時間である。もっとも、ニュートンの絶対時間は、神の永遠性ないし無限性によって支えられてはいる。しかし、近代の自然科学が、世界から神を剥離して以来、時間もまた均質、不可逆にして、無限の持続となる。

この時間意識は、生のニヒリズムを招来する。なぜなら、無限の過去と未来の間に、今があって、人はその一瞬を生き、死ぬるからである。周知のように、パスカルは、このような近代の時間・空間に戦慄した。彼は、ニヒリズムの湧き出る深い淵を洞察していたのだ。彼は語る。「……また私が生きるべく与えられたこのわずかな時が、なぜ私よりも前にあった永遠と私より後にくる永遠のなかのほかの点ではなく、この点に割り当てられたのであるかということを知らない。私はあらゆる方面に無限しか見ない。それらの無限は、私を一つの原子か、一瞬たてば再び帰ることのない影のように閉じこめているのである。私の知っていることのすべては、私がやがて死ななければならないということであり、しかもこのどうしても避けることのできない死こそ、私の最も知らないことなのである。」[30]「私は……恐怖におそわれる。それを思うと、かくも悲惨な状態にある人がどうして絶望に陥らないかを、私はあやしむ。」[31]

時間及び空間のニヒリズムは、近代から生まれ、逆に近代に突き刺さって化膿し始める。とくにニーチェは、近代の時間意識に潜むニヒリズムを、絶望的なまでに感じとっていた者の一人である。彼は説く。「意味や目標はないが、しかし無のうちへ終局をもたずに不可避的に回帰しつつあるところの、あるがままの生存すなわち『永遠回帰』。これがニヒリズムの極限的形式である。すなわち、無（『無意味なもの』）が永遠に！」[32]時間の無限性、無意味なものの無限の連続、ゆえに、すべての行為は徒労である。「一切はむなしい。」[33]

3　見出された時

近代の時間意識はニヒリズムを生起する。等質の、不可逆にして、無限に直進する空疎な時間の意識、それは、自然と共同体からの乖離としての個人の出現、それを促進する機械技術、それによる限りない生産と消費の続行と関係するであろう。ということは、時間の意識は社会・歴史的であるということなのだ。つまり、時間という言葉の発生、いわば時間意識の顕在化は、社会・歴史的であり、したがって、時間とは何かという問いさえそうなのである。すなわち、時間は実在するか、時間を認識することはできるか、といった問い及び答えさえ社会・歴史的である。それゆえ、こうした問いや答えは、およそ人間の生と関わってくるのである。

古代ギリシャ以来、時間の探求はたゆまず続いてきた。プラトンやアリストテレスとはちがって、アウグスチヌスの探求は、時間の人間的意味を鮮明にしている。「それでは、時間とは何であろうか。誰も私に尋ねなければ、私は知っている。尋ねる人に説明しようとすると、私は知らない。」[34]「未来も過去も存在しないが、三つの時間、すなわち過去、現在、未来があるというのも適切ではない。過去の現在、現在の現在、未来の現在という三つの時間があると言えば、おそらく正しいであろう。……過去の現在は記憶であり、現在の現在は直観であり、未来の現在は期待である。」[35]

アウグスチヌスにとって、時間は物体の運動ではなく、かえって、物体の運動が時間によって測られるのであった。そして、この時間とは、魂の現在の活動であり、時間を測るとは、魂のなかで印象を測ることであった。いわば、時間は魂のなかで測られるがゆえに、外在する客観的実在ではなかったのである。

ニュートン物理学の影響を受けていたカントにとっても、時間は内的直観であった。「時間は推論的、あるいはいわゆる一般的概念ではなく、感性的直観の純粋形式である。」「時間はあらゆる直観の根底に存する必然的な表象である。」「時間は内部感官の形式にほかならない。換言すれば、われわれ自身をまたわれわれの内的状態を、直観する形式にほかならない。」[36]それゆえ、時間は、内的状態、いわば内部直観の形式的条件、したがって、現象一般の先験的条件である。時間は、実在するというより、形式ないし条件である、というのがカントの考えであったのである。

ベルグソンは、時間をさらに内的意識として徹底させる[37]。つまり、時間は、純粋な持続、瞬間の不可分に流れる連続的な流動、すなわち純粋な意識であった。ベルグソンにおいて、時間は、時計で量に分割して測られるものではなかった。時計で測る時間は、ひとつの空間の運動であって、われわれは、意識としての時間を不当にも空間化しているのである。

科学哲学を標榜するライヘンバッハも説く。「人間の精神は、さまざまに異なる時間の秩序系を、考え得る能力を持っているのである。古典物理学の時間はその一つであり、因果的伝達の速度に限界のあるアインシュタインの時間もその一つである。このようにさまざまに可能な諸体系の中から、われわれの世界に妥当する時間秩序を選ぶことは、経験的な問題である。」[38]

ライヘンバッハによれば、時間に関するわれわれの知識は、観察の結果であって、時間の秩序はわれわれの住む宇宙の、一般的な性質を形成しているのである。したがって、われわれは、宇宙においてわれわれが住む、その住み方において、時間の秩序を成立させる。たとえば、われわれは時間を計量するが、その場合、時間は均一に流れるという前提をもつ。それは、およそ、地球の自転、太陽の公転、恒星の回転、あるいは原子の回転や運動する光線といった自然の運行から得られる、と見られるであろう。しかし、そうした自然の運行から、どうして時間の均一性を導き出すことができるか。ある運動が均一であるかどうかを知るためには均一な時間がなければなるまい。だからこそライヘンバッハは説く。「均一な時間は、天文学者が数学方程式を参照することによって、観測可能なデータに投影するところの、ある時間の流れである。」[39]均一な時間とは、認識の問題ではなく、定義の問題なのである。「われわれは、天文学者の時間が均一であるということが真であるかと問うべきではなく、天文学的時間は均一な時間を定義する、と云わなければならないのだ。」[40]

さらに問う。時間は不可逆であるか。これをわれわれは因果関係から明らかにしようとする。しかし、原因が結果を生むことから、時間の不可逆な流れを導き出せるか。因果関係と時間の不可逆性は無関係である。熱力学の第二法則は、エントロピーの増大として表され、物理的過程の不可逆性を証明したかに見える。しかし、物理過程の不可逆性といえども、それは、時間の不可逆性とは無縁であるはずだ。

実は、因果関係ということ自体が確かな概念ではない。だから、原因が結果に先行するという命題さえ確かではないのだ。ハイゼンベルクは、周知のように、その不確定原理によって、厳密な因果関係という観念を放棄するように求めている。「……因果律の決定論的な定式化、『現在を精確に知れば、未来を算出できる』というのは、（仮定判断における）後件ではなくて、前提が誤っているのである。われわれは現在をそのあらゆる規定要素について知ることは『不可能』なのである。それゆえ知覚することはすべて、多様な可能性のうちからの一つの選択であり、未来の可能性の一つの制限である。このとき、量子論の統計的性格はあらゆる知覚の不精確さと密接に結びついているものであるから、知覚された統計的な世界の背後にはなお、因果律の成り立つ『真の』世界がかくれているのではないかという臆測に心をそそられるかもしれない。だがこのような思惑は、とくに強調するのであるが、非生産的であり無意味であると思われる。」[41]因果律の不成立は量子力学によって決定的に確証されるのだ。

するとと、因果関係とはいったい何であるのか。それは、「もし‥‥ならば、ある百分率において、‥‥である」という確率的伴立関係である。それゆえ、「もし‥‥ならば、常に‥‥である」という意味での因果関係は、無数に入り組んだ因果の線の束から、人為的に特定のものを選択し、そのプロセスを一部切断して、そこに整合性を見ようとする論理的フィクションであろう。

時間は現象を説明する道具・操作観念である。われわれは、たとえば、現象の特定の運動を、時計の針の空間運動の均一性を基準に測定する。それゆえ、「自然科学では時間は現象の経過を記述するための独立変数として用いられ、とくに物理学では空間座標の独立変数と組み合わせて時空的記述を行なう」[42]、というのが、時間に関する自然科学の一般的見解であろう。これに関してヴィトゲンシュタインの論考は的確である。すなわち、「いかなる出来事も、『時間の経過』と比較することはできない――かかる時間の経過は存在しない。われわれは一つの出来事を他の出来事（クロノメーターの進行といったような）と比較しうるにすぎない。したがって、時間の経過の記述が可能であるのは、ある他の出来事を支えとする場合にかぎられる。」[43]

ヴィトゲンシュタインの師・ラッセルは、終局的に、時間は願望の問題であると説く。「時間の重要さは、理論的というよりも、むしろ実際的であり、真理よりもわれわれの願望に関係している。」[44]さらに、ラッセルの師・ホワイトヘッドは述べる。「未来は、現在の事実の本質に属しており、現在の事実の現実性とは別の現実性をもつわけではない。」[45]

時間、それは実在するものではない。時間を測ることはできない。最も素朴な生物時計と称されるものも、自然のリズムに反応する生体のリズムであって、時間そのものを測定するのではない。しかし、時間が実在しないということは、時間という言葉が無意味であるということではない。また、それが主観にすぎぬというわけでもない。時間が実在しないということは、何はともあれ、時間が人間の問題としてあるということなのである。時間は、人間と世界及び人間と人間との関係の意味なのである。

渡辺慧とドロテアは、時間が人間の問題であることを確言していた。「行為の目標と手段への分離は、発展の原因と結果への分離と等しく、時間の過去から未来への一方向性として現われる、根本的な時間の内的分極を生み出す。おそらく下等な動物は、出来事の間にどんな因果関係をも認めず、また自身の本能に導かれた行為の目的論的意味にも盲目であって、そのため、われわれのようには、時間の中に生きてはいないのであろう。同じようなわけで、ロボットやコンピューターは時間の中には生きてはいない。というのは、予定されたプログラムに盲目的に従っているからである。時は、生命が選択の自由に直面するとき、眠りから醒める。」[46]同様にサルトルはそのことを鋭く指摘する。「明らかに、時間性は一つの組織された構造である。」[47]「時間性は、存在ではなくして、むしろ存在自身の無化という、存在の内部構造であり、対自存在に固有のありかたである。」[48]

いずれにしても、時間は、人間のこと、人間の自由と価値のことである。したがって、時間は、あらゆる人間の問題であるとともに、ひとりひとりの人間の問題である。それは、エンデが『モモ』のなかで語ったような時間である。「光を見るためには目があり、音を聞くためには耳があるのとおなじに、人間には時間を感じとるために心というものがある。そして、もしその心が時間を感じとらないようなときには、その時間はないもおなじだ。」[49]

これは、時間の主観性ではなく、時間の主体的意味を語っているのだ。これは生きられる時間である。これに対して、時間が、誰にとっても等質に流れる、たんなる時計の針の運動としてとらえられ、それが人びとの生をしばる形式と化し、いつのまにか外に実在すると見られるとき、生きられる時間は消失する。

現在、時間に対する異常な関心。家の中にはいうまでもなく、街のいたるところに時計がおかれ、時計を身につけておかねば安心できない世界。スピード・時間の短縮に対する異様な執着。自己の年齢と寿命に気をもみ、死の不安に脅える世界。しかし、時間は、不可逆、無限である。

時間から離れられない、生の空しさ、時間のニヒリズムが侵蝕する。

自然と共同体から疎外・自立した人間は、時間の箍《たが》によって共通な行動と物的な生産を拡大する。抽象的な時間は、社会の生産関係の反映である。したがって、時間の観念は、無力な影ではなくて、強力な実体に支えられている。しかも、各人は、自然と共同体からの自立によって、各自の時間をもつ。それゆえ、抽象的な外的時間と私の内的時間との分極が見られ、やがて、外的時間が内的時間を呑み始める。それは、自己の生の空しさ、死への恐怖を生み、われわれの生存に痛烈な一撃を加える。

かくして、いわば時間への異常な執念のなかで、時間のニヒリズムを克服しようとする意志が登場する。ニーチェ、ハイデガーたち。

ハイデガーにとって、人間の「時間性」とは、未来（Zukunft）からの到来として、まさに自己に到来する（zukommen）のであって、それゆえ、自己の可能性を切り拓く道であった[50]。しかも、その可能性は、自己の死への先駆的決意性によってゆるぎなきものとなる。この時、初めて、自己の時が明らかになる。したがって、自己の時は、無限の生の化学変化の引き延ばしではなく、生きてきた生の集約化ないし永遠化を意味する。死ぬことができるという自由、死への自由における時間――見出された時。

こうした時は、ミンコフスキーやヴァンデンベルクにも見出すことができる[51]。もっともハイデガーのように、見出された時というものが、死への先駆的決意によってのみ現われうるかどうかについては、検討が必要であろう。これには、深く、宗教も関わるにちがいない。

いま、ハイデガーが、死の先駆的決意において、人間存在を「死にかかわる存在」と規定したのに対して、サルトルは、それを批判した。死は未来を切り拓く可能性ではない。「死は私自身の可能性であるどころか、むしろ、死は、一つの偶然的な事実である。」[52]それゆえ、われわれは、死を先駆的に決意することもできない。「そうだとすれば、われわれは、もはや、死が人生に外から一つの意味を賦与する、などと言うことができない。」[53]「それゆえ、死は、決して、人生にその意味を与えるところのものではない。むしろ反対に、死は原理的に人生からあらゆる意味を除き去るところのものである。もしわれわれが死ななければならないならば、われわれの人生は意味をもたない。というのも、人生の諸問題は何らの解決をも得ることがないし、それらの問題の意味そのものが未決定のままにとどまっているからである。」[54]「それゆえ、死は、世界のなかにおける現前をもはや実現しないという私の可能性であるのではなく、むしろ、私の諸可能に対するつねに可能な一つの無化であり、かかる無化は私の諸可能性の、そとにある。」[55]だからこそ、サルトルにとって、死は、「私の可能性としてではなく、私にとってもはや諸可能性が存在しないという可能性として引き受けられるべきであるから、死は、私を傷つけはしない。私の自由である自由は依然として、全面的であり無限である。死は自由を限界づけるのではない。」[56]

死は人生からその意味をはぎとってしまう。だからといって、それがどうしたというのだ。生きているかぎり、人は自由に自己の生を生きる。死は、生の外にあるがゆえに、私の生をおびやかすことができない。私は、「死から独立に自己を肯定する。」[57]

しかし、こういうサルトルも、時間と死を無視しているわけではない。死に意味を与えぬということは、死を無視することではなかった。「死は、私の企てのおのおのの核心そのものにおいて、この企ての避けがたい裏側として、たえず私につきまとう。」[58]サルトルもまた、自己の生の裏側にあってつきまとう死を見ながら生きたのだ。そして、サルトルは、死を一つの偶然的事実として把握し、生を生き抜こうとしたのである、サルトルにとっては、不断の脱自、超越こそが、見出された時に生きることであった。

時を遡ると、モンテーニュにも死への達観をうかがうことができる。「お前たちは、あとへ引き返すことができないのに、なぜ尻ごみをするのか。お前たちは、死んでかずかずの大きな不幸から免れ、かえって仕合わせになった人たちを、十分に見たはずだ。だが、死んで不仕合わせになった者を、一人でも見たことがあるか。」[59]

彼らのいずれも、自己の時間の終わりとしての死を無視したわけではなかった。死に対してどういう構えをとるにせよ、死を越えて、生きられる時を見出そうと人びとは試みた。だが、はたして、近代の自我は、生きられる時を見出すことができたか。

4　子どもの時

子どもは自然そのもの、歴史の外にある人間である。教育とはこうした子どもを歴史の中へ引きずり込むことあるいは導入することである。導入することを、子どもに即してみると、それは発達といわれる。

現代の社会は時間によって円滑に動きかつ成立する。労働は時間を単位として賃金にかえられる。交通・通信は時間によって促進される。生産と消費、娯楽、すべては時間を単位として動く。現代社会は時間を不可欠としているどころか時間そのものといえる。

それゆえ、教育も、時間の中へ子どもを導くのであり、しかも時間なしには教育も成立し難いのである。

すでに明らかにした如く、現代の時間は四つの構造をもつ。

(一)　不可逆性　　時間は不可逆に流れる。

(二)　持続性　　時間は不断かつ無限に直線的に流れる。

(三)　均質性　　時間は等しい速さで流れる。

(四)　分割性　　時間は等しい単位・量に分割できる。

このような時間の観念は時計によって具体化される。それゆえ、時計を読解できるということが、独自の構造をもつ時間の観念を理解することであり、現代の教育もそのことを切実に要求するのである。

幼い子どもには、時計の針の運動と時間の構造とが符合すると見られてはいない。外で遊んでいた五歳の子どもがテレビを思い出して家に走りこむ。母親がいう、「時計が六時をすぎたから、もう終わっているよ」。子どもは泣きながら、時計の針を「五のところに戻して」と叫ぶ。

子どもにとっては、時間とは時計の針が示す時刻にしかすぎない。針は動かすことができる。したがって、時間を遅くしたり、速めたり、逆にすることさえできる。子どもにとって、時間は操作できるものなのだ。子どもたちが時間をつくる。

時計の針の運動は子どもの身体の運動である。遅く作業したり、速く走ったりすることが、同時に時計の針の遅速を決める。また、それゆえ、普通のストップウォッチと倍の速さで動くストップウォッチとでは、時間の流れる速さは違うことになる。子どもの時間とは、運動の量ないし距離であるのだ。速く動く時計の針は、遅く動く針より動く距離が長い。長いということは、時間の速さと見られるのだ。これは、年齢についてもいえる。子どもには、背の高い、大きな人の方が年長なのである。だから、おばあちゃんよりおかあさんの方が年上と見られる。それは樹木などにもいえる。子どもの時間は、空間的、機能的なのである。

小学二、三年生になると、時間はみんなでつくるのだ、ということがわかりかけてくる。時間は、勝手につくられるのではなく、みんなのとりきめであって、そうしないと、みんなが困ることになるのだ、と子どもは思う。子どもが、社会のきまりの中へ導入されるにつれて、いわば社会化されるにつれて、時間が客観性を帯びてくる。すなわち、時間の客観性は、社会の運動が要求するのであって、個人の作業や自然のリズムとは離れたものだ、と解されてくる。時間は、通貨のように、社会の中にありながら、社会から自立したひとつの観念なのである。そして、この時間が、逆に、人間の社会を規定し、動かしていく。

現代社会の子どもは、この社会にあるかぎり、難かしい時間の観念を学習しなければならない。人との出会いも、時と場所を決めねばならず、その意味で、時間を守るということは約束を守るということでさえある。この点で、ラッセルのような人が、子どもの自由を尊重しながらも、時間を守るしつけを重視したのは当を得ている[60]。

しかし、ラッセルでさえ自覚していたかどうか定かではないが、現代は、歴史上曾てない特異な時間意識をもっている。時間への執心——生産の量的拡大。ミンコフスキーが述べたように、われわれは時間を征服しようとしているのだ[61]。この無限の時間を、それは徒労なのであるが…。

教育において、特異な時間意識をもったこの社会は、子どもに、時間を厳守することのみならず、時間の節約を要求する。「急いで！」「早く」「時間がない」と、子どもをせきたてることの何と多いことか。それは無意識のうちに使われている。これに対して、「ゆっくり」「時間はある」という言葉のいかに少ないことか。教師も、速く、多くを教えこもうとする。待ってはくれない。かくして、時間が子どもを縛り、脅えさせる。

時間という言葉さえも見られなかった原初の社会では、大人の時はそのまま子どもの時であった。大人も子どもも具体的な時を生きたのである。だから、大人も子どもも同じものとして、つまり、子どもは小さな弱い大人として扱われたにちがいない。しかし、技術・分業の急激な進展が抽象的な知識を要求するようになると、大人と子どもとは分断される。アリエスが『子供の誕生』62で述べたことを考えれば、近世はその分水嶺であった。おそらく、時刻もこの頃関心の対象となったであろう。時計なるものも、当初は支配者の手にあり、やがて普及して庶民の生活を規制するに至った。

近世の巨大な抽象的知識をもつ社会を前にするとき、子どもは、まだ、社会に適応できない、無知な者として大人から区別される。子どもは、意図的に保護されると共に教育されるべきものとなったのである。その範例は、ルソーによる子どもの独自な意味の発見にある。ルソーは、子どもを梃子にして近代社会を批判しながら、同時に子どもの世界を守ろうとした。子どもの自由の尊重、自然への回帰。しかし、他方では、子どもの発見は、教育する格好の素材として子どもを見る視点を提供した。それは、したがって、子どもを大人の社会へ向けて、教育――支配する原理にもなったのである。

いまや、大人の社会を構成する時間が子どもを抑圧する。「急いで」「早く」「時間がない、時間を無駄にしないで」、そして「能率よく」「効果的に」が、すべてに優先して、最も価値あるものであるかのように叫ばれる。教育における「時間のニヒリズム」。

子どもの無気力、無関心、無感動、無責任、無耐性といったものは、こうした見えない時間のくびきと関わりはないか。そして、荒れる子どもたちの、校内や家庭での暴力、登校拒否、非行などは、そうした見えないくびきへの反抗と悲鳴ではないか。人間は多義的である。それゆえ、社会が一義的方向しか示しえないときには、人間性は破壊される。教育も一義的となって子どもを破壊する。

たしかに、抽象化された時間は、子どもに教えられねばならない。しかし、他方では、生きられる時間が守られねばならない。子どもは、本来、生きられる時間の中にあるものなのだ。

では、子どもの生きられる時間とは何か。それは、感覚が働く時である。子どもは、まず、人に向かって感覚を働かせる。とりわけ母親に触り、見つめ、語りかける。手や目や口はそのためにあるといってもよい。さらに、子どもは外界の事物へ向かう。なかでも、水と土と火へ向かう。これらはいずれも、独特かつ強烈な刺激を与える。のみならず、変化が無限であって、多義的反応を呈する。

破壊と創造の活力である水と土と火は、子どもの世界の象徴である。ネバネバ、ベトベト、ギチギチ、モジャモジャ、バラバラ、ポロポロ、グチャグチャ、ドンドン、メラメラ、ヒラヒラ、チョロチョロ、といった擬態語は、汚れと破壊ととりとめのなさを示しているが、これは同時に創造への出発点である。これらは、子どもと火と土と水との可能性を語っている。そして、どう考えようとも、この世界は、不可逆の、同じ速さで持続して流れる時間の奥にある。この世界に生きる子どもは、活動する今に生きる。その世界の時は、非連続の、質的な、くりかえし起こる、可逆的な時である。この時は、出来事が重層している時である。それは、ちょうど、センダックの『ケニーの窓』[63]が示すように、夜と昼が同時に存在しているような時である。「あさは、よるのほうにすわれば、ほしがかぞえられる。よるになったら、あさのほうで、あそべば、ねむらなくていい……」、これが、子どもケニーの時であった。

これを見て、大人の世界をコスモスと称し、子どもの世界をカオスと称してはなるまい。この見方は、大人の視点に立ったかぎりでのことである。人間は大人だけではない。

生きられる時が、抽象化された時間によって侵蝕されているとき、求められるものは、世界の双極性であろう。大人と子ども、文明と未開、労働と遊び、正と邪、快と苦、健と病、明と暗、これらが共存する双極性である。たとえば、子どもの存在しない世界がいかに味気ないことか想像するだけでよい。それゆえ、教育は子どもを大人の世界へ導入することを急いで、子どもの世界を否定してはならない。真の教育とは子どもの世界と大人の世界との出会いであろう。非連続な二つの世界が、他方を併呑することなく結びつくことである。そのなかで、子どもの生きられる時が守られ、失われていた大人の生きられる時が再び見出されることになるであろう。

注

1　岩田慶治『カミの人類学』講談社、昭和五十四年、三六四頁。
2　宇尾淳子『生物時計をさぐる』蒼樹書房、一九七七年、二一九―二二七頁。
3　Evans-Prichard, The Nuer, 1940.『ヌアー族』向井元子訳、岩波書店、一九七八年、一六五頁。なお、ビルマのカチン族の時間については、Leach, Edmund R.: Rethinking Anthropology, 1961. 青木保・井上兼行訳『人類学再考』思索社、一九七四年、二〇八頁、参照。
4　Whorf, Benjamin Lee: Language, Thought and Reality, 1956. 池上義彦訳『言語、思考、現実』弘文堂、一九七八年、八十九頁。
5　Mbiti, Jhon S., African Religion and Philosophy, 1969. 大森元吉訳『アフリカの宗教と哲学』法政大学出版、一九七〇年、参照。
6　Schweizer, A., Zwischen Wasser und Urward, 1920. 浅井真男訳『シュヴァイツァー選集一』白水社、一九六六年、五十頁。
7　Schveizer, 同訳書、一一四頁。
8　Schveizer, 同訳書、一一三頁。

9 本多勝一『カナダ・エスキモー』講談社文庫、昭和四十七年、一二四―一二六頁。
10 本多勝一、同書、一二四―一二八頁。
11 酒井伝六『ピグミーの世界』朝日新聞社、一九七六年、一七八―一七九頁。
12 酒井伝六、同書、一六九―一七〇頁。
13 岩田慶治『カミの人類学』前掲書、六十九―七十頁。
14 梅棹忠夫『モゴール族探検記』岩波新書、昭和三十一年、一四三―一四五頁。
15 Evans-Pritchard, The Nuer. 前掲訳書、一六二―一六三頁。
16 平野仁啓『続古代日本人の精神構造』未来社、一九七六年、三〇八―三〇九頁。
17 Minkowski, E., Le Temps vécu, 1933. 中江育生・清水誠訳『生きられる時間』みすず書房、一九七二年。
18 岩田慶治、前掲書、七十一―七十二頁。
19 Levi-Strauss, C., La Pensée Sauvage, 1962. 大橋保訳『野生の思考』みすず書房、一九七六年、二九二頁。
20 岩田慶治、前掲書、七十七頁。
21 真木悠介『時間比較社会学』岩波書店、一九八一年、一八三頁。
22 真木悠介、同書、一六一頁。
23 Aristoteles, Physica. 田中英知太郎編『アリストテレス』筑摩書房、昭和四十一年。四一〇頁。
24 Aristoteles. 前掲訳書、四〇四頁。
25 Russel, B. : History of Western Philosophy. Allen & Uwin, London, 1946, p.46.
26 Aristoteles. 前掲訳書、四一六頁。

27　Whitehead, A. N.: Dialogues of Alfred North Whitehead, 1954. 岡田雅勝・藤本隆志訳『ホワイトヘッドの対話』みすず書房、一九八〇年、二八五頁。
28　Cullman, O.: Cristus und die Zeit, 1948. 前田護郎訳『キリストと時』岩波書店、一九五四年、三十六頁。
29　Newton, I.: Philosophiae Naturalis Principia Mathematica, 1687. 河辺文男訳『ニュートン』中央公論社、昭和五十四年、六十五頁。
30　Pascal. Pensées, 1657? 前田陽一・由木康訳『パスカル』中央公論社、昭和四十一年、一四五頁。
31　Pascal. 同訳書、三四六頁。
32　Nietzsche, F. W.: Der Wille zur Macht. 原　佑訳『権力への意志』河出書房、昭和四十二年、三十四頁。
33　Nietzsche: Also sprach Zarathustra, 1883-1891. 手塚富雄訳『ニーチェ』中央公論社、昭和五十三年、二二五頁。
34　Augustinus, A.: Confessiones, 400. 渡辺義雄訳『世界古典文学全集』巻二十六、筑摩書房、昭和四十一年、一九四頁。
35　Augustiuns. 同訳書、一九八頁。
36　Kant, I.: Kritik der reinen Vernunft, 1781-1787. 高峯一愚訳『純粋理性批判』河出書房、昭和四十年、七十—七十二頁。
37　Bergson, H.: Essai sur les données immédiates, 1889. 中村雄二郎訳『現代フランスの思想』河出書房、昭和四十一年、一三二頁。
Bergson・L'intution philosophique, 1911. 三輪正訳『ベルグソン』中央公論社、昭和四十四年、一

三一頁。

38 Reichenbach, H.：The Rise of Scientific Philosophy, 1951. 市井三郎訳『科学哲学の形成』みすず書房、昭和四十一年、一五〇頁。

39 Reichenbach. 同訳書、一四一頁。

40 Reichenbach. 同訳書、一四二頁。

41 Heisenberg, W.「量子論的な運動学および力学の直観的内容について」河辺六男訳『現代の科学』巻II、中央公論社、昭和五十三年、三五四頁。

42 『理化学辞典』岩波書店、一九七四年、五四九頁。

43 Wittgenstein, L.：Logisch-Philosophische Abhandludg, 1921. 藤本隆志・坂井秀寿訳『論理哲学論考』法政大学出版、一九六八年、一九一頁。

44 Russell, B.：Mysticism and Logic and Other Essays, London, Unwin Books, 1974, p.23.

45 Whitehead, A. N.：Adventures of Ideas, 1933. 山本誠作・菱木政晴訳『観念の冒険』松籟社、一九八二年、二六九頁。

46 J.-P. Sartre：L'êtreet et la néant, 1943. 松浪信三郎訳『存在と無』巻I、人文書院、昭和三十一年、三三〇頁。

47 Sartre. 同訳書、二七六頁。

48 Sartre. 同訳書、三五五頁。

49 Ende, M.：Mo Mo, 1973. 大島かおり訳『モモ』岩波書店、一九七六年、二一一頁。

50 Heidegger, M.：Sein und Zeit, 1927. 原　佑・渡辺二郎訳『ハイデガー』中央公論社、昭和四十六年、五一五頁。

51 Minkowski, E.: Le Temps vécu, 1933. 中江育生・清水誠訳『生きられる時間』みすず書房、一九七二年、I、八頁。

Van den Berg: The Psychology of Sickbed, 1952. 早坂泰次郎他訳『病床の心理学』現代社、一九七五年、三十—三十一頁。

52 Sartre. 前掲訳書、巻III、二五六頁。

53 Sartre. 同書、二四二頁。

54 Sartre. 同書、二四四頁。

55 Sartre. 同書、二三八頁。

56 Sartre. 同書、二六一頁。

57 Sartre. 同書、二六一頁。

58 Sartre. 同書、二六一頁。

59 Montaigne: Les Essais, 1580. 松浪信三郎訳『随想録』河出書房新社、昭和四十一年、上巻、八十一頁。

60 Russell, Education and the Social Order. Allen & Umwin, 1951, p.36.

61 Minkowski, 前掲訳書、五頁。

62 Aries, P.: L'Enfant et le vie familie sous l'Ancien Régime, 1960. 杉山光信・恵美子訳『子供の誕生』みすず書房、一九八〇年、参照。

63 Sendak, Kenny's Window, 1956. じんぐうてるお訳『ケニーの窓』冨山房、一九七五年。

第6章　「見る」世界の子ども

はじめに

都会のあちこちに、目の不自由な人のための案内の点字や誘導の装置が見られるようになった。これは、今の世の中が目の不自由な人にとって暮らしにくくなっていることを意味している。疾走する車、空へ伸びかつ地下へ潜った建物、幾筋もの道路、とても歩めそうもない人混み、昼夜をおかず響いてくる騒音、これらはどれ一つとってみても目の悪い人には困ることばかりである。

かつては、一日は昼と夜とに分けられていて、夜になると盲目の人は昼間のハンディを取り返した。夜の闇を自由に動き回り、静けさの中に物の動きを聴き取った。それだけではない。闇の静寂さの奥底から人間にとって大切なものをも聴き取った。『字統』（白川静）によると、闇の音は祝詞を収める器にもののあらわれる意を示すという。すなわち、「神の音なひ」というのである。それゆえ、闇とは、本来は神のあらわれる闇をいうのであった。盲目の人のみならず目明きの人も、この闇の中で何かを聴き、奥深いものにふれ、落ち着きを取り戻したはずである。

しかし、今や昼夜の区別はなくなった。現在は昼夜分かたず働くことのできる光の時代である。これは、盲目の人と目明きの人に大きな差をつけてしまうが、真の意味では目明きの人にも、この状態は望ましいことではないかもしれない。

昼と光が夜と闇とを圧倒しているということは、視覚の活動すなわち見るということが他の感覚の活動を上回っていることであろう。また、見るということがほかの感覚的活動から越え出ているのは、周囲の環境が見ることを刺激し、それを必要とするように作られているからであろう。いずれにせよ、見ることが聴くや触れるといった他の感覚活動を凌駕している。それではなぜこうなったのであろうか。これには見るとはそもそもどういうことか、見るときそこには何が生じているのか、などが検討されねばなるまい。こういうわけで、「見る」という視覚の情況を考察する。

1　見る働き

肉食獣は、人間を自分たちと同類の、しかも巨大な獣だと見ているのではないか。直立しているため、高いところから前向きの目でこちらを見るからである。

草食獣のような横向きの目は穏やかであるが、前向きの目にじっと見られるのは心地よいものではない。見るというのは対象の形、様子、内容や性質をとらえることである。とらえるとは物事の状態や構造を理解することである。理解するとは判断、推定、評価することを含んでいる。われわれは病気の子の顔色を見て、しばらく様子を見ようと思い、そのうち苦しそうで、見るに忍びなくなって、医師に見てもらいに行くと、「この病気を甘く見ないでください。経過を見ないとわかりませんが、十日はかかると見ています。」などと言われて、「私の見たところでは、大したことはないと見ていたのだが、見る目がなかったのか」とがっかりしてしまうのである。

このように、見るとはただ漫然と周囲を眺めるのではなく、周囲から特定の対象を選択し、対象のある物事に注目し、それを理解ないし認識することである。認識とは言葉で物事の内容や意味を表わすことであって、そういうものに知識がある。したがって、見ることは始めから見る者の意図が込められている。人は見ることにおいて何かを求め、意図するのである。見る者は、ねらったものに向かいあって立ち、これを手に入れるための最短距離すなわち直線の位置を見分け、周囲を見まわし、障害や偶然の出来事を注意深く予見し、目的を手がたくわがものとするべく見とおしを立てる。それゆえ、目と視覚とはきわめて自我とか意志とかに近いということができる。

目あるいは視は、その人の自我を表している。「目は、こころの窓」とかいったりする。そして、目は本来認識し、意図し、目的と手段とを見とおす道具的働きをするので、威圧的なところがある。「わたしをよく見ろ」と言われて相手に凝視されると、顔をふせて目をそらせたくなる。「痛い目に会いたいか」とか「目にもの見せてやる」などと言われると空恐ろしくなったりする。不動明王の、かっと見開いた目は、私共の悪心を直そうとしているのであろうが威圧的である。これに比べて観音菩薩の伏目がちの面差しは親和的である。

どちらかといえば女性の目の方が親和的である。狩人や軍人などには鷹の目というか射るような眼差しの人があるが、女性にはそういう人は少ない。これは本性上そうなのであろうが、それに職種が影響しているのだと思われる。女性と同様に、子どもや老人の目も親和的である。子どもはまだ自我が未成熟で、意図とか意志でもって物事を見ることがない。また老人はすでに仕事から離れていて、意志的な追跡の時を終え、静かに人生を味わっているからである。

2　見るの意味

　私たちは家を建てるとき、上から見下される低地を嫌う。それで、ほとんどの人が高台の家を望む。これには湿気とか日当たりとか風通しとかいった事情もあるが、本質的に、見下されるより見下す方を望むからである。他人から見られず、自分の方からは見ることができることで人は安心する。古代の人類にとっても、隠れ家から眺望が利くことくらい有難かったことはないはずである。外敵から身を隠しながら一望のうちに彼らの動きを見ることができるのであるから。もちろん、今の世で他人を外敵と見る人はないであろう。にもかかわらず、私たちは高みにいることを望む。それは、人の目、つまり人が見ることに威圧や不安を感じ、気遣い、気詰まりになるからである。

　見るとは認識という意図的働きであった。それは知ることを意味する。見るとは見分け、見知ること、すなわち知ることである。したがって、人に見られることに不安を感じるのは人に知られることと関わっている。誰かに窓の隙間とか鍵穴から覗かれている、あるいは背後に人の視線を感じるといった状態は薄気味悪い。見る、知るという働きはどうやら私たちの心身を侵害するもののようである。通りがかりに視線が出合うと、「眼をつけた」と言って絡む人がいる。犬や猿でも、その目をじっと見つめると怒るか脅えるかする。精神分裂症の患者には人に見られるのを恐れる人がいる。「見るな！」「見たなっ」と怒る。「顔を見ないで！」と両手で自分の顔を覆ったりもする。相手の目が威力をもって、自分の心身を破壊し、ついにはその人に支配されると見るからであろう。逆に、対人恐怖症の一つに視線恐怖症というのがあるが、これは自分の目が相手を侵し、傷つけるのではないかと恐れる。これは日本の思春期の男性に見られるのであって、西欧の若者にはまずないと言われている。思春期というのは自我の確立期であり、それだけに他我に対して気をつかうことになる。しかも日本人は、西欧人のように目と目とを対峙させて話し合うような文化に育っていないため、いわば個我を強く主張することが望まれていないため、自分の視線の遣り場にとまどうのである。

見るには威圧があり、見られる人に圧迫感を起こすが、見る人にはある種の優越感を味わわせる。ひそかに鍵穴から人の部屋を覗いている時、その人は相手の秘密を見ることである種の優越感を抱くのではないか。見るということは権力のある者に特に許された行為である。権力者はいつも高処から人びとを見つめる。下位の者は見返すことができない。「苦しゅうない、面を上げい」と言われて、恐る恐る伏していた面を上げるのだが、それは相手に見せるためであって、こちらから相手を見てもよいわけではない。したがって、見るとはわかること、知ることであり、知るとは領（し）ること、すなわち治（し）ることなのである。それゆえに、知るは支配することに通じている。

たしかに、私たちは私的な事柄が人に知られるのを恐れる。氏素性、生活状況、それに心に思っていること、思想や宗教などを隠す。とりわけ日記のような自分の秘密を記したものは見られたくない。もちろん、自分の内心を見透かすような鋭い目の人を恐れる。民話にでてくる天邪鬼は人の心を直ちに見知るのであるが、見・知られたとき、私は支配され、心までも金縛りに会うのである。

3　見ると科学

自然科学は視覚によって成立している。人間は物を手に取り、ながめ、いじくりまわす性質がある。これは乳幼児にも見られる。そうするのは物の形や性質、構造を知りたいからであろう。ガリレオは、この見るという働きを使って目に見えない物と物との関係を明らかにしようとした。周知のように、ガリレオはピサの斜塔に登り、そこから軽重二様の物体を落とし、それらが同時に着地することを人びとに見て取らせたといわれる。ここでガリレオは、落下の法則を実験して見せたわけである。ということは、目で見ることが実験の原理であるということである。もちろん、地上の人々の中には、自分の目がおかしいのではないかと、目を疑った人もあったという。

けれども、そういう人は次第に少数になっていた。皆、自分の目を信じるようになっていた。これは個我ないし自我の自立が謳われたルネサンスに遡る。自我の自立は個体すなわち感覚の自立に連なっている。たとえば、この頃の絵画には遠近法が活用されている。遠近法は自分の立点から世界を見るということである。自分ひとりの目が世界の中心点となっているのである。これは自分の目の正当性を信じなければ叶わぬことであった。

こうして、自然科学が成立するには自我の目による実験が不可欠だということがわかる。したがって、目が不自由な人には自然科学は不向きであろう。

ガリレオは実験によって得た資料を数学によって表現することにした。数学もまたアラビアを経由してイタリア・ルネサンスにおよび、そこで醸成されたものであるが、これは人間の知力を最高度に活用したものである。本来、数を数えるという働きは文明のものである。未開社会では数が必要でないため、人びとは計算が苦手であるし、ましてや動物には不可能である。小犬が五匹生まれても、一匹だけ残しておけば母犬は気にも止めない。どうも、我が子がいるかいないかがわかっていても、何匹であるかを見てはいないのだ。

数学は人間の高度な頭脳の開花であるが、それは記号化され、見るものへ変えられる。数学は文学などと違って目を必須とする。これに対して、文字は音声による朗読を通して学ぶことができる。事実、塙保己一のような盲人の学者も生まれた。かくして、実験と同様に数学も目を不可欠とするし、自然科学が実験と数学とによって成立することから、自然科学は目に依拠する学問であるということができる。そして、この目は精神の自我、知り・支配する自我と結びついている。それゆえ、自然科学が数学と実験を駆使して知識を生産し、機械技術を起こし、自然を支配し、自我に快適なように製造するのは当然のことであろう。今や、機械技術によってできていないようなものは何一つないくらいである。衣住はおろか食べる物さえそうである。情報を含め人びとを取りまく環境は機械を通過している。そして、この環境は視覚の働きを中心にでき上がっているため、光を反映し、見た目にすっきりしていて、直線的で、なめらかで、かたく、鋭く、冷たい感じを与える。高層ビルや車を見ればこれは明瞭である。

4　見るを補完するもの

人びとは旅行をしても観光タクシーなどを使って名所を見て回る。その方が時間の節約になるし、何よりも「見た」ということが満足感を与えてくれるからである。けれども、時がたつと空しくなって何かタクシー代を損したような気分になる。それにひきかえ、一か所をたっぷり時間をかけてそこの雰囲気を肌で感じ、味わいながら眺めたとき、多少時間がもったいないような気になるが、その経験はいつまでも発酵し続け、忘れられない思い出となることがある。盛夏の深山が生むひんやりとした大気、鳥の声、古刹が醸す独特の薫り、水の冷たさ、これらが相乗されて豊かな印象となるのである。見るはこのように他の感覚によって補完されねばならないであろう。

視覚は聴、味、臭、触、いわゆる五感の一つである。その中でも視覚は自我の知力を代表する感覚である。視覚に比べたら触覚などは実に野暮な感覚といえる。この感覚はイソギンチャクもミミズもモグラでも持っている。人間の場合、触覚はほとんど目に従属している。ハンドルを握る、電車の吊革をつかむ、スプーンを取る、スイッチを押す、これらはみな目の指示によって手が行うのである。もちろん手は触覚が最も良く働く器官である。

このように触覚を代表する手は目によって見知り、見取られる手段になっている野暮な触覚運動器官である。とはいえ触覚は野暮な原始的感覚であるゆえに、いわば鈍感であるがために、他方では逞しいところがある。この感覚はなかなか死なない。これに対して目は鋭敏で繊細な感覚器官であって、人びとは目をやられることを極端に恐れる。しかも目は自我、心の窓であるから、眼科病院などで両眼を患っている人たちばかりを見ると、相手の心を掴みかねるのか異様な恐怖に襲われることがある。多分、人が死に至り始めると意識がなくなるのであろうが、意識とは知る機能であるから、見ることすなわち目の働きがなくなるはずである。目の前が真っ暗になって親や兄弟、子どもの顔も見えなくなるであろう。次に聴覚がやられて、自分を呼ぶ声が次第に遠く、かすかになるであろう。その時、周りにいた人びとは身に触れ、手をしっかと握るはずである。死に逝く者は手に触れながら眠りにつくことになる。そして、人々は死者の瞼を閉ざし、手を組み、自らも目を瞑り手を合わせる。ここには祈りがある。祈りとは、見ることをやめ、自我の知力を捨てることであろう。そして神や仏にすべてをお任せすることである。

5　触れること

見ると触れるとは対極する感覚のようである。にぎる、取る、つかむといった行為は目と連続していて、目の手段となっているが、触れるは目をふさぎ、見知ることすなわち自我の知力を遠ざけるようである。これは目の見えない人に生き生きと働いている。この人たちは先ず手に触れそのあと知力を働かせてさわり、つかむのではあるまいか。大脳生理学の知見によると、五感の中で触覚以外の感覚は感覚の器官が定まっている。つまり特殊感覚である。この感覚器官に受容された刺激は脳神経を伝わっていく。他方、触覚は身体のいたるところで働いている。受容された刺激は脊髄神経を通っていくのである。

触覚と他の感覚との違いはことばの用法においても明らかである。坂部恵氏が述べていたことであるが、他の感覚は、顔を見る、音楽を聴く、酒を味わう、臭いを嗅ぐといったように、対象に「を」という助詞を付ける。一方、触れるは花に触れるというように「に」を用いている。「を」は向かい合って対象に働きかける助詞であり、これは自我が対象を知る働きである。したがって、見知る、聴き知るということばが自然に用いられる。味知るとか臭知るとか言うことはないが、味を見るとは言う。見るは知ることであるから味と知とは同類である。また酒を聞くとか香を聞くということばは、酒の味や香の香りを聞き知るということであり、聞くは知ると接合することばであるから、嗅と知とは同類だということになる。

すると触れるだけが自我の知から離れたことばだということができる。触れるは自我と対象との対抗的関係を消去するような活動である。触れるは共振する親和的関係を語っている。私は花に触れ、花は私に触れる。触れるは主格―目的格を交互に転移できる動詞である。ここには主従の関係はない。他方、「私は花を見る」から「花は私を見る」とは言えない。これが言えるのは擬人法を用いた詩や物語、幼児のアニミズム的世界であろう。

触れるは主従の関係を揶揄する。これは自我をかなぐり捨て真の自己に成ることを意味する。たとえば、高処から見下ろしていた君主が家臣のところへ駆け寄り、手をしっかと握ったとき、そこには対等な人と人との出会いが生まれているはずである。ここには真の自己と自己との触れ合いが成立している。したがって、触れるは身の全体で触れることである。身とは心と身体とを含んだものである。御身、身共、身にしみる、身につまされる、などといったときの身はそういう内容を有している。それゆえ、身としての触れる手は分解して部分にすることはできない。恋人たちが手をじっと握り合っているとき、体熱は伝わり、血流は一つとなり、自他の手の区別がつかない、いわゆる触れ合いの状態が生まれてくる。触れるはあくまで相互性である。見るは一方的で、他人が気付かぬうちにいわば盗み見することができるが、触れるは一つである。であるから恋人たちの手は結び合い、二人はそのなかに生きている。この時、二人は目を開けていても何も見てはいないであろう。何も聞いてはいないであろう。中秋の名月も虫の音も。

ところが、もし恋人の彼女が彼への愛を失っているとすれば、触れる手はさわる手に変わる。そこでは、彼の手の汗っぽさ、熱気、骨や皮膚の状態、ときには血管を流れる血液の様子さえも感じられる。彼女は彼の手首に指を当てひそかに脈を診ることもできる。ここで彼女は彼の手を分析し、知りつつある。いまや彼女にとって彼の手は、客観視される対象であり、手を握り合っていることにうとましさを抱かせる他者なのである。さわるは、確かに「に」という助詞を取る点ではふれるに似通っている。私は薔薇にふれる、私は薔薇にさわるという。しかし、さわるは主客を交流できない。つまり薔薇は私にさわるとはいえない。さわるは自我の知的働きであることがわかる。「さわらないで！」と発することばは、それゆえ、特定の人へ向けられている。これに対してふれるは不特定である。「人目に触れる」は誰か特定の人が見ているわけではないし、当人も誰かに見られていることを意識しているわけではない。ここには人がいて人がいないような、曖昧な情況が漂っている。

6　生きること

サルと同様に人の乳房は胸についている。母親は空いた手で子どもを抱き乳を与える。そのため、口先や顔だけでなく体全体が母親の体に触れることになる。ここで子どもは母の体や乳の臭いを嗅ぎ、味わい、母の息づかいや心臓の鼓動を聴く。そして、二人はほとんど目を見つめ合っている。母親と子どもとの目の距離はおよそ二十五センチほどであるが、これは乳児が最も見やすい距離だといわれる。子どもは五感を満たされながら乳を飲むのである。これはミルクの場合でも変わらないであろう。

立って歩むようになると、子どもは目の働きがよくなるが、同時に触れることも盛んになる。子どもは本質的にドロドロ、ネバネバ、ギチギチ、ベトベトしたものが好きである。土と水と火とは、いずれも変化に富んでいて五感を刺激するので大好きである。大人になると仕事の上でも、環境全体においても目を使うことが圧倒的に多くなるが、それでも触れることを求めている。都市の団地住まいをしていて、郷里の田舎に帰ってほっとするのは自然と木造家屋のせいだと思われる。これらは柔らかで手が触れることを可能にしている。海水浴は泳ぐためではなく、砂に触れ、波に触れて遊ぶためにある。温泉は療養のためより地底から涌き出る湯に触れるためのものであろう。このとき人はのんびりとして時を忘れ、我を忘れるのである。

見る、知る、支配するという働きが強いと、人は一層自然や他人との触れ合いを求めたいという気になる。人と人とが触れるのは合うこと、愛することに連なっていく。しかも触れるや愛するは分節できない全体である。見るは分節される部分にある。人は大地に立つとき地球の全体に触れている。地面の一点においてそのものに触れている。これに対して目は光なしには見ることができず、見るときも視界があって一部に限られている。それゆえ知るにも限界がある。したがって、本当に知るには触れるところまで歩まねばならないであろう。すなわち、真の意味で知るとは愛することになるであろう。

かつて人類の祖先たちは大型獣を遥か地平線の彼方まで追い求めた。それは自分の食欲を満たすためだけではなく、野営地で待ちわびる妻や子どもや親たちに分け与えるためであったはずである。実は、食べ物を分けることができるのは人類だけであるという。山上憶良の「瓜食めば子ども思ほゆ、栗食めばまして偲ばゆいずこより来りしものぞ、まなかひにもとなかかりて、安いしなさぬ」という歌は、万葉集の中でも人口に膾炙するもののひとつであるが、これは人類の心に通底していると思われる。

現在では人は地平線上をかすかにうつろう獲物ではなく何か別のものを求めている。それは家を建てるとか、定年後の再就職の準備や趣味学習であるとか、学問や芸術に目を向けるとか様々であるが、人はそういうものへ向かっている。これは意志ないし志向的活動であって、生きるとはこのように目的へのたえざる前進であるということができる。つまり、生きるとは目標へ向かって行くことである。ただし、目標をもち意志を働かせて行くことは自我を肥大させ、自然や他人を知り、支配することではなく、自然や人との触れ合いによって自我を克服し、真の自己を求めて行くことだといえる。

生きがいとは見る・行くとふれる・合うという縦と横、いわばY軸とX軸との交点に成立するのであって、これは行き交いと称すべきものであろう。人びと、特に女性の中には、金銭的に豊かではなくとも、家族の者が和気あいあいと睦まじく暮らしていることを幸せという人たちがある。これは共存し、触れ合う幸せである。このような暮らしに支えられて、人は見はるかす彼方へ目標を定め、眼を凝らし働くことになる。生きがいはこのような時に生まれ出るものと思われる。

しかしながら、人類は分裂によって繁殖するわけではないので、接合によって子どもを遺したあと、やがて死に至る。それゆえ、人は『銀河鉄道スリーナイン』に出てくる機械人間のように自分の身体を全部機械に変えてしまって、無限の時間を生きようと望みかねないのである。けれども、たとえ生命に限りがあるとしても、暑いとか冷たいとか硬いとか柔らかいとかなど感じることのできる、血の通った生身の人間である方がまだましであると思ったりもする。

「限り」というのは人が生きるうえで大切であるといえる。見るということも限りのもとで見るのであって無限の地平に向かって目を当てることはできないし、そういう意志も生まれないであろう。人間の場合、限りまたは終わりが目標と重なり、それによって生きることが可能になる。もちろん、この「限り」は空間・距離及び時間における限りである。見るはつねに空間・時間において成立する運動である。一方、触れるは生身の身体がいま、ここで何かに触れるのであって時間の長さなどを越えている。触れる体験は時間の停止、無時間において起こる。ウィトゲンシュタインが語っていたことであるが、永遠とは無限の時間のことではなく、無時間のことだと考えるべきであろう。すると、永遠に生きるとはいまとここすなわち現在に生きることである。これは祈りの手いわば合掌において究極的に現われるような世界であろう。ここでは見ること、意志、欲求のすべては静止、手のふれにおいて宇宙や真実といったこととの出会いがある。これは見るという人間の働きが最後に到達した境位である。

かくして、子どもは「見る」世界にあってなお触れることの経験を可能にされねばならない。子どもの心身の成長は「触れる」世界を基礎とするからである。

参考文献

1 M・ハイデガー『存在と時間』桑木務訳、岩波文庫、昭和三十六年。
2 坂部恵『「ふれる」ことの哲学』岩波書店、一九八三年。
3 ウィトゲンシュタイン『論理哲学論考』藤本隆志・坂井秀寿訳、法政大学出版、一九六八年。

第7章　大学の竣成
―その理念を視座にして―

はじめに

ヒトは世界の内にありながら世界を問う。ヒトは、いま、ここに世界と自己が在ることに驚きを抱く。これはヒトだけに生じるものであろう。

夙に、ヒトの子は腰がすわり、視線が地平と平行し、手が自由になると、物をつかみ、じっと見つめ、口で触れ、手でいじくりまわす。これは探索し、知る活動であって、ヒトの子には知ることは喜びであった。

ヒトの子にある強い好奇心、知の歓びは、長じるに及んで世界と自己が在ることへの驚きに連なる。世界、自己とは何か。これには目的や意味があるのか。

この問いは、広義の学問であり、大学はこの問いを根源に有する。凡そ、大学とはかかる人間の本性に由来するであろう。すなわち、いかなる契機で出来た大学であれ、そこには、人間本性による探求があるのではないか。したがって、大学本来の在り方を理念と称するならば、何はともあれ、その理念は人間本性の探求と相即するであろう。

『字通』（白川静）によれば、理には、おさめる、みがく、ただす、ととのえる、すじ、きめ、みち、ことわり、是非などの義がある。また、念には、おもう、心にふかくおもう、となえる、等がある。また、理は里によるのであり、里は田社のあるところで、経営的な農地、その条理の整然なるところをいうとある。とすれば、理と念とを合わせたものは、ことわり（事割り）を深く思うといった意味であるか。

わが国においては、理念なるものは翻訳語であろう。それは西洋哲学の基本観念であるイデアによるものであろう。イデアすなわち理念はプラトンのイデアに由来し、永遠の実在を意味したのであったが、やがて中世においては形相、近世においては観念として受容され、ヘーゲルに至ると、理念は絶対の実在と目されたのであった。そして、現在、通俗的に解せられている理念とは、理想的なもの、純なるもの、本来のものなどの意味となっている。したがって、理念は、現に在って働いているものの方向ないし目標、道理となるものであり、また、そのために現実を評価・批判する基準あるいは仮設・道具となるのである。

もちろん、理念が理想的なものというのであれば、それは、現実の在り方の究極的な善さを指すことになる。そうすれば、理念は未だ知られておらず、さらに探求せねばならないものでもあるのだ。それゆえ、理念を取りざたするとき、いま、理念としているものを絶対化し、固定するのではなく、さらなる高みへ向かって理念を創造すること、そして、同時に、現に理念として知りうるものによって、現実を評価・批判し、現実を理念のもとへ引き上げることが望まれるのである。すなわち、理念によって現実を問い、現実に生気を吹き込みつつ、なお理念そのものを問うという試みがつねに求められるのである。

かくして、大学の理念ということにおいて、大学の究極目的ないし理想、それなしには大学の存在意義が喪失するもの、存立の原理ないし存在の根拠が探求される。したがって、大学の理念の探求は、具体的には、大学にとって第一義かつ不可欠なものと第二義の夾雑物とを明らかにし、それなしには大学が大学でなくなるものを示すことにある。続いて、教育及び知識や組織が拡大、拡散して、大学が雑多なものの寄せ集めへと変容していく危機的状況にあって、それを理念のもとに集合し、統一し、方向を開示することにある。

理念において現実が照射され、何のための学問であり教育であるかが問われ、現実の新たな歩みが始められるのである。それゆえ、大学は、理念そのものを問いつつ、理念において研究と教育を進めるという二重の課題を負っている。理念にあらざるものを理念とした大学は、大学としての働きを止めるであろう。いわば、理念の探求なき大学は硬直して、化石となるであろう。他のいかなる組織よりも、大学はその理念が問われる所以である。

1　大衆の大学

アメリカの大学は大衆に開かれた大学である。短期大学を含めた大学の数は三千余校、学生数は一二〇〇万に及ぶという[1]。これはヨーロッパに比すれば特異という他はない。アメリカではすべての者に大学は解放されており、教育の平等な機会が与えられているといってよい。

想えば、この国は新天地に造りあげられた、全く新しい国であって、この国の人びとは地位、身分、財産等を捨てて来た裸の境遇に在ったためであろうか。教育においても自由と平等とが一般的になるのだ。ただし、教育の自由と平等が一般化したのは、それだけが原因ではあるまい。新大陸への移住は、新しい精神を端緒としており、これが教育の自由と平等とを一般化した第一の原因であろう。

周知のように、マックス・ヴェーバーが解いて見せたように、新大陸を開いた人びとは、プロテスタンティズムの精神をもってこの地を訪れたのであった。この精神は、神以外のことすなわち被造物のいかなるものであれ、それに権威や意義を認めることはなかった。したがって、人間もまた、神の下に平等かつ自由なのであった。ちなみに、アメリカ合衆国独立宣言の前文（一七七六年、大陸会議で採択）は次のように謳った。

『我らは、すべての人々は平等に創られ、創造主によって一定の不可譲な天賦の人権を与えられており、その中に生命・自由及び幸福追求の権利が含まれていることを、自明の真理として信じる。』[2]

政治や経済はいうまでもなく、教育・学問の分野においても人びとは自由かつ平等であった。そして、高度な生産力と蓄積された富が大学を一般化したのである。

これもまた、ヴェーバーが指摘していたことであったが、プロテスタンティズムの精神は神の意志の実現をのみ目指すのであった。このため、身体感覚における歓び、快楽さらにはそれらを囲繞している絵画や彫刻、建物、衣装、祭儀などが負の価値を帯びることになる。したがって、これに順じて生きる人びとは意志的人間である。それは欲望を律し、自制する人間である。フランクリンが『自伝』で示した徳は、そのような自制的人間の性格を示すものであった。すなわち、それは、節制、沈黙、規律、決断、節約、勤勉、誠実、正義、中庸、清潔、平静、純潔、謙譲[3]、であった。

これらの諸徳は一体何を生み出すのか。アダム・スミスは、分別の徳と称して、事業を遂行するときに要する「努力」「勤勉」「沈着」「冷静」「敏活」「着実」「計画性」、政争や野心的営為を排する「非政治性」、資本を蓄積するために要する「節倹」「質素」「節度」、自己の取引仲間に対する「友情」「誠実」「謙譲」を説いたのであるが[4]、これはフランクリンが示した徳と変りはなかったのである。

経済学の高僧であるスミスが明らかにしたように、プロテスタンティズムは経済的徳へ展開したのであった。ひたすら働くこと、そのために生活の中へ合理性、効率性、単純性をもちこむこと、それによってさらに働くことへ集中すること、このことが資本を生み、産業を起こし、新しい生活様式をつくり出したのであった。そして、学問においては数学や物理学のような理知的なものが発展し、やがてこれは自然の学として産業生産の拡大に寄与したのである。これに関連した哲学といえば、デカルトがそうであったが、彼はまさに身体感覚を脱した理性、思考の起点としての自我を世界認識の中心においたのであった。

プロテスタンティズムの倫理、経済的徳、理知、自然科学、自我（個人の原点）、生産、は相互に連関して、ひとつの系を構成していたといえよう。そして、アメリカはこの系が最も鮮明に現われたところであった。ここでは、自由、平等、個人、権利、民主主義、能力主義、合理、進歩、などが高い価値を示すのであった。この上にアメリカの大学は形成され、拡大したのである。

わが国においても、大学はアメリカの大学と同様に大衆のものとなっている。敗戦後、アメリカの憲法の精神を受容し、かの国の学校制度を取り入れ、単線型の学校制度に変えたこと、大衆の経済力が増して、子どもを大学へやるだけの資力を親たちがもつに至ったこと、社会的上昇意識が強いことなどが大学の大衆化を進めたといえよう。

ただし、わが国の大学は大衆の大学であるとはいえ、決してアメリカの大学とは同じではなかった。大学進学の動機においても、アメリカの場合、専門的な能力を培い、資格を得て、社会のなかで自己実現を計ることが目指されるのであった。これは、結果としては、階層の上昇を呼び、社会的な名声・地位と富の獲得に至るのであったが、わが国においては、大学へ入ること自体が主たる目的となっているのであった。どのような能力を身につけ、いかなる資格を得るかは、大学に入った後に決めることであった。そのことは、大学が特別な社会的意味を有していると見るべきであろう。これはわが国の大学の成立に由来することなのである。

周知のように、明治十年、東京大学が開設されたとき、法、文、理の三学科の学生のうち七五%が士族の子弟であったという[5]。当時、士族の人口は全国民の六%にすぎなかったことを考えれば、この比率は圧倒的に高いというべきであろう。比率の高さは、明治四年の廃藩置県によって武士層が職を失なったことと関係があろう。貧困に慣れきっていた下級武士層はともかくとして、中級以上の武士たちには、大身の格式高い者も多く、彼らが生業の方途を見つけることは困難であった。ただ、唯一の取得といえば、彼らが上流支配層に属していて、学問を学び、読み書きができることであった。

この頃、一般庶民層においては、都市部に寺子屋が普及していたとはいえ、簡単な読み書きのできる者にしても、一割を越えることはなかったであろう。村落共同体の地方はいうまでもなく、都市においても生産の構造が読み書きの能力を必要としなかったからである。むしろ、読み書きをすることが恥とさえ見られることもあったのである。それは武士の子女においてもいえたという。であれば、唯一、知識層としての武士の子弟が生きる途は、自己の知識を生かすことにあったであろう。読み書きは武士支配層の特権でもあったのである。

かくして、士族層の子弟が大挙して大学へ進むことになったのである。しかも、そのほとんどが法科に進んだという。なぜなら、法科は国家支配の学であって、かつて支配層に属していた士族たちが法科を志向するのは当然のことであった。他方、医、工、理などの科は士族たる者のたずさわるものではなかったのである。

東京帝国大学が設立されたのは明治十九年であったが、翌二十年には卒業証書に「学士」の称号がついたという。今日の卒業証書に「○○学士の称号を授与する」とあるのはそのためである。

学士とは世間ではいかなる意味をもつのであろうか。それは、禄を失い、武士という身分を捨てざるをえなくなった士族層が新たに手に入れた身分ないし地位であった。これは武と学が入れ代わったにすぎないのだ。かくして、学士の称号を得るものとしての学歴は社会階層を決める有力な基準となっていくのである。

当時としては、学士の身分は超エリートであることを意味したであろう。同一年齢層において、〇％に限りなく近く、昭和に至っても〇・五％に満たない状態であれば、それは自明のことであったであろう。

それゆえ、一般庶民は大学出に特別の感情を抱いたであろう。それは、かつて、農工商の人びとが武士に対していたような、ある種の畏敬と反感がないまぜになったような感情であったのである。大学出は自分らとは違う、えらい人だから、話しが合わない、気づまりだ、こんな人がいると座がしらける、いばるから嫌いだ、などと語るのであった。上層の役人、官僚はともかく、巡査や学校教師など日頃接触することのあった人びとに対しても、庶民は好悪相反する感情をもったのであった。したがって、多くの庶民は巡査や教師が加わる会合を望まなかったのである。巡査や教師も士族の子弟たちが好んでなったものであり、学校出と見られていたからである。

本来、わが国においては、大学をはじめ小学にいたる学校までが国家支配層の意志によって設立されたものであり、そこで働く教師も国家が派遣したものであった。この点で、巡査はいうまでもなく地方の教師も地域の住民とは乖離しているのであった。学校及び教師に対して住民が好悪いかんともしがたい感情を抱くのは避けようがなかったのである。

第二次世界大戦後、アメリカの大学制度を導入して、新しい大学が生まれ、大学は大衆のものになった。かつて、同一世代人口の一％に満たなかった学生は、いまや四〇％に近づき始めている。なぜかくも大学は拡大したのであるか。その背後には親たちの経済力の上昇があるとはいえ、それだけが大学を拡大する原因ではあるまい。大学で学び、それを出れば職業に就くとき有利であるためか。たしかに、医師免許や教員免許状のように、大学がそのような資格を取得する途を開いていることもあろう。しかし、資格の取得は限られた少数の学生たちであるのだ。大多数は、大学を出たということ、すなわち「学士」であることに世間が価値をおいているがゆえに、それを取得しようと大学の門を目指すのである。

社会階層を決める要因をあげるとすれば、わが国においては、学歴、職業、収入、財産をあげることができるであろう。都市の住民で、高学歴者であるほど学歴を高く評価することになる。逆に、地方の農山漁村においては山林・田畑などの土地や家屋、船などの評価が高くなる。これは当然のことであろう。土地や船が生産に直結するのであるから。

では、都市においては学歴が生産に直結しているのであるか。大学が大衆のものになった現在では、学歴が職業と収入に直接関わることは少ないのである。にもかかわらず、親たちは自分の子女を大学で学ばせようとするのだ。それは、学歴そのものが社会的評価を得ているからであり、学士であることは社会的身分の如きものと現在でも見られているからである。わが国は「学歴社会」[5]をつくりあげ、今もそれを持続させているのである。

子女を大学へやることは親たちの誇り、親の社会的力のシンボルであり、そのことは社会における階層の上昇に連なってもいる。ちなみに、若い女性たちの多くは、一般論はさておいて、いざ自分の結婚相手となると、収入、職業以上に大学を出ているかどうかを問う。親たちも、仲介人たちも、学歴を口の端にのせる。今では、学士は超エリートはいうまでもなくエリートでさえないとしても、人びとは学士に対する身分的意識を引きずっているのである。

かつて、福沢諭吉は、『学問のすゝめ』で語ったように、若者たちが学問をすることを切望した。学問は国を富ますのみならず、身を立て世に出る財本となるのであった。いわゆる立身出世である。もっとも、立身出世とは、私利私欲のからんだ名利栄達に尽きるのではなかった。それは独立自尊の心をもって世に出ることでもあった。西欧、とくにイギリスの学問思想に造詣があった福沢諭吉は照準を一人ひとりの人間においていた。苦心の未翻訳された個人（individual）なるものは[6]、社会（society）と同様、西欧独自の概念であって、個人こそが独立自尊を生きる人間であった。したがって、個人は、私利を生きる者ではなく、公平無私を生きぬく者であった。

しかしながら、世の常にもれることなく、この理念も現実のなかではき違えられ、変容されたのであった。すなわち、立身出世、独立自尊は名利栄達へ動き、世俗かつ私的なものへ変っていったのである。そもそも、わが国最初の大学である東京大学が、士族層の子弟が生活する方途として活用されたのであれば、大学で学ぶことが社会的地位の上昇に利用され、それが大学で学ぶ主たる目標になることは当然の成り行きであったであろう。そしてまた大学で学んだ者たちが同窓生として相互に結びつき、社会のなかでエリートとして権力と権威を手に入れようとするのも自然なことであった。ここに学閥が形成されたのである。

学閥は社会の経済、政治における権力の中枢に根を張っていく。そして、永い歳月を経て政治経済はいうまでもなく文化の領域にまで広がり、強力な集団となる。大学はその集団の成員を補充する機関であるのだ。

世間の親たちは自分たちの子弟を名門大学へ入れようと労を尽くす。名門大学とは、いうまでもなく、伝統のある大学、したがって長年にわたって多くの卒業生を社会へ送り出し、その結果として、政治、経済、文化の各方面において枢要な地位を占める人材を擁するに至った大学である。いわば、名門大学とは強力な学閥を形成している大学である。

親たちは、わが子女がそのような名門大学へ進み、学閥を為す人脈に支えられて立身出世することを望むのである。親たちにとっては、そのような大学へ自分の子女が入ること自体が将来を保障されることであり、また、それは誇らしいことでもあった。もちろん、その最たるものが東京大学の法科であったことは明白である。

かくして、人びとは、学問を学ぶためでも自己の能力を練磨するためでもなく、学歴を高くするため、その場合でも、社会に優位の人材を輩出している名門大学の学位を希求するのである。これによって苛酷な受験戦争が続く。

一般には、同種のものが複数あれば、そのうちのいずれが優れているかが問われ、評価されるものである。したがって、世間に多くの大学が存在するかぎり、上位、中位、下位といったランクづけは出来あがる。人びとは必ずや各大学の長短を比較して、総合的な評価を下すのであって、これは欧米の大学についてもいえることである。

アメリカの大学に関していえば、大学はあらゆる角度から検討され、評価の俎上にのぼらされるという。大学の設置場所、環境、交通、生活環境、学生数、教官数、教育の方針及び内容、教育設備、学生の福利施設、教官の研究領域、図書館の蔵書数、奨学金制度、経営の基金、授業料など、これらのすべてが評価の対象となるのであって、これを参考にして人びとは大学を選ぶことになるという[7]。

ところが、わが国においては強力かつ支配的な学閥を形成している大学を頂点にピラミッド型の位階が出来あがっている。そして、より上位の大学に入るための競走が生まれ、その指標が偏差値で計られるのである。そして、偏差値が独立し、ついには偏差値の高い大学が第一位であるということになる。偏差値が大学選択の基準となってしまうのである。これは、大学で何を学ぶかということよりも、あるいは大学でいかなる生活をするかということよりも、ただ、世間で上位の大学と目されている大学へ入ることを主たる目標としたために生じる結果なのである。

このような学生を受け入れる大学は、いったい何をもってそれに答え、いかなる教育をすることになるか。それは、すでに人材を送り出している有力な企業や官公庁と結びつき、そこへ向けて人材を再生産することに尽きるのであるか。もしそれだけであれば、大学は支配権力の温存に肩を貸し、差別と排除を続け、ひとつの見えない暴力[8]を生むことになるであろう。

2　大学への新しい波

学閥は永い歳月を経て形成され、わが国の政治・経済社会のあらゆる分野に浸透して、支配してきたのであったが、今や学閥の土台は波に洗われ始めたという。それは、わが国の政治経済の全体が矛盾を露呈して、それを支配してきた学閥の屋台骨も傾きはじめたからである。消費社会の弊害、自然破壊、環境汚染、南北問題、学校教育の荒廃、家族の解体、金融経済の破綻など山積する諸問題を前にして、偏差値によって学閥に組み込まれてきた人材は対応するすべを知らないのである。したがって、これは学閥が構成している人材のみならず、学閥そのものへの批判を生み、続いてそれは、支配力を握ってきた大学への問いかけとなっていくのである。

いまや、変転する現在に対応し、展望を開くことのできる、独立かつ創造する人材が求められるようになった。大学を出ているか否か、どこの大学を出たかではなく、何ができるか、いかなる能力、資格をもっているか、いわば、その人自身の実力が評価されるようになってきたのである。産業社会の合理化、国際化、個人主義のさらなる拡大は肩書きや学歴ではなく、個人の力量に注目させるのである。

かくして、人びとは大学に対して新たな要求をすることになる。高度な専門的能力の育成である。学閥が弱体化して、社会的地位の上昇に効果がなくなり、自己を守る力学が消えるとすれば、人は自らの能力で生きるほかはないのであり、その能力とはどこにおいても必要とされる専門能力であるということになろう。人はその能力を身につけ、一人で自己を生かす場を探し続けねばならないのだ。

専門能力とは実学、つまり産業生産における研究能力、機械、機器の製作・操作の技術、医療、法律、経済、教育などにおける実践的な技量である。さらに、それに加えて、国際化によって求められる外国語の能力、さらに新しい地平を開拓するための企画力や創造性が望まれるのである。

こうして、学歴・偏差値重視が崩れはじめると、大学に学ぶ者は確かな目的を定めることになろう。大学を出ることに尽きず、大学で何を学ぶかが問われ、それに答えることのできない大学は衰退するであろう。強固な伝統に支えられてきた学歴主義、学閥、大学の位階ピラミッド型システムは容易に消滅されることはないとしても、時代の新しい波は大学の壁を壊し、その在り様を変えることは明らかである。

3　大学の変容

アメリカの大学と同様、わが国の大学は拡大した。親たちの経済力の上昇は若者たちの労働を当てにする必要をなくしてきた。また、機械技術生産様式の発展は高度な知識、技能、国際的コミュニケーション能力を不可欠とするようになって、大学で学んだ者が広く求められたのであった。そのうえ、わが国では、親たちは、社会階層の上位を占める人びとが学歴と結びついていることを知っているので、自己の子女を大学へ進ませようと努めてきた。もちろん、学校システムは単線型であって、すべての若者たちに大学への門は開かれていたのであった。

他方、欧米諸国に見られるように、わが国においても少子化現象が広がってきた。この現象には、乳幼児の死亡率の低下があろう。すなわち生まれれば寿命を全うするであろうとの安心感をこれは生むのであって、これが少子化につながるのである。また、教育の過熱のなかで、子ども一人当りについて親が負担する教育費の増大、つまり高学歴志向と進学競争が強いる経済的圧迫も少子化現象を促進するであろう。さらには、家族構造の変化、核家族における育児の難しさ、女性の社会進出、住宅事情なども少子化の原因になろう。

少子化現象は大学へ進む若者の激減を招来するので、大学のインフレーションが起こるであろう。学生を集めることのできなくなった大学は、結果的には、社会に不要になったことを意味するのであり、それは消滅する外はないことになろう。

しかしながら、少子化現象は、大学の拡大へ新たな道を開くことになった。少子化現象は、その親たちに時間及び経済的余裕を産み出したのである。これは高齢化社会の進行と相まって普及している。人びとは残された自由な時間を自己形成と生きがいの発見に費やそうとするのである。とりわけ、子育てを完了した女性層は大学での学びを志向する。さらに、社会生産構造の変化、雇用形態の多様化は、社会の勤労者層に新たな知識、技術、知見の涵養を求め始めている。世にいう生涯学習の時代が到来したのである。

現在では、大学に多様な働きが求められている。その一つは、高度な専門的知識、技術、能力の育成及びそれに関わる資格の取得である。これは、機械・技術、医療、法律、経済、教育、心理、社会、語学などの各分野にわたっている。さらに、社会の技術化によって、それに答えるべき高度な研究の遂行である。これは主として大学院が果すことになる。そして、自己の生きがいを問い、自己を発見し、現実の自己を見つめなおすためあるいは学ぶことそのことに歓びを見出そうとして、大学に参集する人びとがある。ここには、学士もしくはそれ以上の学位を取得したいとの願いも伴なっている。ただし、学位の取得は就職のためではない。これは、学ぶためのひとつの目安ないし一里塚として求められるのである。

このように、社会を生きる人びとは、実生活に役立つという意味での実学であれ、人間の生き方を学ぶことの歓びを求め、その点では実生活に直に役立つわけではない虚学と称するものであれ、いずれにせよ、それらを大学に期待して大学の門を目指すのである。この人びとは、自分たちの期待に答えてくれるものは大学であり、それこそが最もふさわしいと見ているのである。

大学は、以上のような社会的要求に答えるべく改革を試みている。この要求に答えることは大学の責務であろう。しかし、この要求に答えることがすなわち大学の理念の実現であるのか。

理念なるものは、本来、不変にして可変的であるという両義性において成立する。いわば理念とは、社会的な要求に従って変容するようなものではないという意味において、不変である。他方、理念は、未だ十全には知られておらず、何程か知られているとはいえ、それは相対的であり、故により真なるものへと越えられて行くという意味で可変的なのである。よって、理念は絶対的にして相対的であると称してよい。これは矛盾しない。この見方は探求を可能にする前提であり、しかも探求するからには真の理念なるものを何ほどかは垣間見ているのだ。理念においては知っていて知らないというのが実相である。それでは大学の理念の実現とはいかなるものであろうか。

4　大学の成立

大学が人間の本性の何かによって支持されていることは明らかである。したがって、大学の理念の探求は人間の本性の探求と関わっているであろう。そして、理念も本性も現実のなかで働き、現実を生きるものであるからには、それは歴史的検討を可とするものであろう。

大学の起源は、周知のように、中世、西欧のパリ、ボローニアの大学を嚆矢とするという。ここでは、主として法学や医学などの学問が教授されたといわれる[9]。

ところで、学問ということであれば、すでに古代ギリシアにおいても形成されていたというべきであろう。世界及び人間を知ること、たえざる探求かつ探求の探求をくりかえし試みたのはソクラテスであった。彼は問うこと、そして問うことを問う試みを生涯にわたって実行したのであり、それは、問うことによって学び、さらに問うことを学ぶということにおいて学問が何であるかを後世の人びとに明らかにして見せたのである。

問いかつ学ぶということは、ソクラテスの対話が示すように共同体を場とする。知ることは分けられるものであり、それは言葉によるものであれば、共同体を場とすることは明白である。もちろん、共同体とは憎悪や不信ではなく親愛と信頼によって成るものである。ここに、学び、問う人びとの学園が形成されることになる。

学園といえば、ピタゴラスの学園があり、イソクラテス[10]、プラトン[11]、アリストテレスの学園が続き、また、アレクサンドリアのムーセイオンもそれに加えられるであろう。ただし、ピタゴラスの学園は宗教的な秘密結社あるいは僧院に近いものであったという[12]。それゆえ、知的探求とはいえ、それは、閉ざされた集団の、ある宗教的な意図のもとに為されたのであり、その意味では、探求は二義的となったといえるであろう。また、イソクラテスの学園は修辞学校であって、それは現実の政治的雄弁や訴訟の際の弁論術を磨くのが主眼であった。プラトンのアカデメイアについていえば、この学園は、基本的には、理想国家を創立するべき哲人を養成するものであって、これは、支配層のための学問教育であった。また、アリストテレスは、万学に通じ、あらゆるものを一般的な地平に立って見ることのできる天才であって、学問探求に最も適した資質を備えていたのであったが、それにふさわしく、彼は、『形而上学』第一巻の冒頭で「あらゆる人間が生まれつき知りたいという欲求をもっている」と語ったのである。これは探求の原点であって、アリストテレスは、知のための知を学問の要締とし、学問を政治や宗教などの諸領域から自立させることに貢献したのであった。これは後世に臨んで学問の範型を示すことにもなったのである。とはいえ、アリストテレスの学園リュケイオンは、アカデメイアと同様、高度な学問を擁していたにもかかわらず、今日の大学と比べれば、大学と呼ばれるべき何かが欠けていたのである。

たしかに、古代ギリシアにおいては、国際語たるギリシア語によって、学問の伝播があり、ローマ、マケドニア、エジプトに至るまで、高度の学問研究、教育、知識の保存・普及が学園や研究所によって行われ、そのための図書館の創設も進んだのであった。これは、わが日本の仏教寺院にもいえることであって、そこでは、仏教学の研究、僧侶の教育、蔵書の充実が計られたのであった。しかし、これをもまた大学とは称し難いのである。けだし、これは僧院における学問ということであって、学問の方向に一定の枠がおかれているのである。この意味では古代ギリシアの学園の方がはるかに大学の相を呈していたといえるであろう。

しかしながら、いずれにせよ、古代の学園、研究所はエリート層のものであり、社会の中に広い、確たる地位を占めていたわけではなかったのである。プラトンの学園についていえばそれは九百年を越えて存続したとはいえ、社会の広い要求に答えたものではなかった。いわば、閉ざされたものであったのである。

ところで、ヨーロッパ中世は、新しい人間の社会が胎動する時であった。農業生産が向上し、余剰の産物をもって人びとは交易に動いた。市が立ち、人びとは農村を離れ市に住み、そこで職を身につけ、生業を営む者が現われた。旅人が往来し、商人や職人が生まれ都市が大きくなり、そこでは職能集団、いわば自治的職能組合としてのギルドが育ったのである。

大学はこのような都市のなかに出現したのであった。都市には、人や物のみならず情報や知識なども集められる。ここでは、読書算のできる者をも必要とされ、それを教えることを生業とする者も生まれる。もちろん、この人びとも自治組織としての組合を結成する。同業者が相互の利益のために組織をつくるのは自然の成り行きであった。

もっとも、このことは、古代のギリシア、ローマの都市にもいえることであった。たとえば、ポンペイの遺跡の壁書きには、何々組合と称するものが支持する都市議員（委員）の名をあげて、その者への投票を求めているという。これには、浴場組合、果実商、織物業、染物業者、袋作り、敷物作り、金細工師、フエルト業者、製材業、ぶどう収穫、パン焼き人、菓子作り、床屋、養禽業、香料業、居酒屋、ろば曳き、木材運搬人、風呂焚き、などがあるという[13]。

しかし、古代ギリシア・ローマにおいては、職能集団としての自治組織ギルドは存在しない。本来、手の作業は奴隷のものであったのであり、彼らは自由に組織をつくるところまでは行かなかったのである。ポンペイに見られる多様な職種の人びとも、ローマ社会特有のパトロネジ（親分―子分の関係）を結んでおり、これら平民たちは貴族や富裕な市民の下で保護され、管理されて暮らしていたのであった。

中世に至って、仕事をする集団にして修業・教育をも行う自治組織ギルドが発生したのである。医師、薬剤師、建築、木工、製革、文筆、などの組合及び商業取引の組合が次々と生まれていったのであった。ここには、知識のある人びとも集まる。相互に仲間が集い、自治組織すなわち組合(universitas)を結成したのである[14]。

自治組織は教育研修組織でもあった。ここには、親方と徒弟があり、またそこを訪れる修業者たちがあった。知識・学問を求めて遍歴し、都市に居着く者も増え始めた。好学の士ともいうべき若者たちもあって、彼らは旅を重ねて、自己の望む学問に応える教師を訪れ、彼と授業料、教科目、授業の時間・日程、教場などについて交渉したという。さらに、学生となった者たちは共に学ぶ者として組合を結成した。組合の結成は、西欧の各地から集まって来た者たちには、都市での生活全般はいうまでもなく、教師との契約・交渉においても有利になることは確かであった。教師と学生とは相互に依存し合う関係であって、ここに、教師の組合と学生の組合との相互協力による自治的共同体が成立した。かくて、学問の教育と研究の新しいシステムが起こったのであった。すなわち、大学の成立である。

大学、Studium または Universitas と当時称されたものは、これを構成する学生と教師が西欧各地から訪れた旅人であったこと、知的レベルが高かったこと、貴族層いわばエリート層が多かったことなどから、特別な権利を有した自治共同体へと発展したのであった。この共同体の構成員は、裁判においては聖職者並の特権を得、租税や兵役から解放されており、学問の探求を目的とすることにおいて、教会及び世俗の権力から自由になろうとし、教授の人事権及び学位授与権を自己の手に確保したのであった。しかも、大学が講義に用いたラテン語は、当時のキリスト教社会の公用語であり、それを使うことのできる者は、教会、王国、都市をたばねて、その上に力を発揮することにもなったのである。

大学共同体の内にあっては、教師と学生とは相互に学ぶ者として対等であり、ここでは、門閥、家柄を離れた、自由かつ民主的な雰囲気が醸成されることになった。本来、学問そのものが世俗を越え、しかも宗教的でないものであれば、それを求める共同体が民主的で自由な、解放された場を創造することは自明であったのである。

ところで、教師と学生との相互交渉、そして授業料、契約ということであれば、大学は、あたかも、ソフィスト、プロタゴラスたちの講義を想起させるであろう。ソフィストたちは、聴講生から、謝礼をもらって講義をしたのであって、それは、ある自由かつ対等な関係のなかで行われたのであった。だが、プロタゴラスの講義は、弁論の術であった。これは主として裁判上の武器として学ばれたものであって、それを越えることはなかった。それは真理の探求を語ることはなかった。けだし、プロタゴラスたちにおいては、人間の社会には真理などはなく、ただ、社会のものごとを処理するのに有効であるかどうかが関心事であった。いわば、他者を説得する技術が問題なのであった。したがって、ソフィストの教育は、社会の実利的な要求に答える一過性のものであって、教育と研究の継続的な自治共同体を有したわけではなかった。

このことはプラトンの学園についてもいえることであった。この学園は、哲学的政治理想の実現を目指しており、しかもそれはアテナイというポリスに成立した教師中心の学園であった。ソフィストもプラトンのアカデメイアもポリスを離れることはなかったのである。たとえ、プラトンの思想が、その普遍性のゆえに、後世まで生命を長らえさせてきたとしても、組織としての学園は、自由で、暇のある富裕・貴族層の要求に支えられたものであった。もちろん、古代ギリシアにおいても、ギリシア語が国際語として広がっていたこともあって、ギリシア文化圏から学ぶ者がアテナイへ訪れたであろう。たとえば、マケドニアのアリストテレスのように。しかし、それは、大きな組織に至るほどのものではなかったのである。

一方、中世においては、ラテン語が共通語であり、学生たちはそれを学び、西欧の各地からパリやボローニアに参集した。そして、彼らが目指すところは、法や医学、神学や人文といった分科した独立の学問の修得であった。キリスト教文化圏という広大な世界にあって、大学は国境をも都市をも越えていた。したがって、中世の大学は地理的にも精神的にも大きいのであった。しかも、学生たちは教師との合議的な契約によって学ぶことを可能にしたのであり、学生と教師は、都市、国、教会の勢力に囲繞されながら、なお確たる自治組織をつくり、ひとつの社会的勢力へと成長したのである。一二世紀、すでにパリでは総人口五万のなかに五千余名の学生が文教区を形成していたという。大学は、都市にも、国にも、教会にも抵抗することのできる勢力に育っていたのである。

5　大学の課題

現在の大学に対する批判は多い。その批判は大学の改革・発展を求めてのものである。大学を解体、消滅させよという提言ではない。これは、いまなお、大学に求めるところが大であるとの証左ということができよう。

大学が大衆化され、大衆の要求に答えることが大学の課題であると目される時でもある。多くの人びとは、教養のため、肩書き、履歴もしくは飾りのため、広義には身分ないし社会的地位の上昇のため、あるいは良い職業に就くためなど、多様な動機によって大学の門を通りぬけるであろう。学生の親たちも、そのような動機を支持し学資を提供するのである。

従来、大学は、学問研究と共に専門的知識人を養成してきたのであった。研究と教育は大学の支柱であった。そこでは研究が継続され、新しい知識が発見され、それが保存され、同時に広く伝えられることになった。大学は秘密結社でもなく営利を目的とする組織でもなかった。発見された知識や学説は公開されるものであった。そして、これは教えられ、研究者や神学、医学、法学、人文学などの専門的知識人を養成したのであった。

これらの人びとは、研究的能力と専門的技量とによって生計をたてるという意味では、広義の職業人である。それゆえ、大学における研究と教育とは研究の遂行と職業人の育成におきかえることができる。そこで、多くの人びとは、大学において研究することにふれ、専門的知識を身につけ、一角の職業人たらんとするのである。医学、看護学、歯学、工学、農学、理学、教育学、あるいは芸術学や神学、体育学でさえ職業と結びついているのである。

それでは、大学が社会に要求されている課題は研究と教育・専門職業人の育成に尽きるのであろうか。いわば、大学は研究所のような組織と専門職業人を育成する教育組織とを合併しただけのものであろうか。

大学における課題の課題、すなわち研究と教育を意味あらしめるものとしての課題を理念と称するならば、人びとは、ひそやかにも、課題を越えた理想をも求めているのである。

大学の課題の一つが研究であるとはいえ、それは一般の研究所と同じではない。研究所における研究は、所定の目的のもとに研究所が設立されたとき、すでに研究の方向と枠は決定されている。したがって、研究所の所員は、その目的に沿って研究し、その目的をできるかぎり達成することを求められる。ところが、大学においては、各々が専門の部局に属するとはいえ、その研究は自由であり、他の研究領域にふれ、それを往来することも可能であり、それゆえ、自由な、果てのない探求を愉しむところがある。いわば、大学の研究者たちは、自己の専門領域を突き抜け、新たな問いを呼び起こす世界へ越え出るところがあるのである。したがって、研究は、その成果を達成することが目的ではなく、問いのプロセス、つまり探求することそのものにあるのであって、結果ないし成果は二義的になるのである。

また、大学の課題のもうひとつは教育であり、それは専門の職業人を養成するのであった。これは、大学が職業専門学校であることを意味するのではない。専門学校の目標は明白である。ここでは専ら専門が教えられ、それ以外のものが考慮されることはない。教育は、専門的知識や技量の習得、この一点に集中するのである。これに対して、大学においては、学生もまた果てしない探求を生き、問うことを愉しむところがある。学生たちは、専門的知識や技術だけを学ぶことは喜ばないのである。専門を学びつつ、専門を越え、自由に問うことを求めているのである。

学問とは問うことを学ぶことであり、それは果てもないのであって、それゆえ、当座の明白な目標に限定されていないということで、遊び・ゲームに近いところがある。そうであればこそ、学問は、日々の労働、世俗的権力、社会の義務・規範を越えることになるのである。同様に、遊びは、義務や強制によるものではなく、自由で自発的であり、日常の労働行為を離れている。遊びにおいて、人びとは、それがつくりだす独自な時間・空間を漂うのである。それは、開かれた世界、終りはあるが解かれた時空であって、人びとはそこで高揚し、独自な緊張を愉しむのである。

現在では、遊びは生の裏面におかれており、義務づけられた厳しい労働を補完するものとされているが、本来、遊びは、かのニーチェのディオニュソスに語られるような生の充溢に通底するのである。

学問もまた遊びの要素を有している。アポロ的と見える学問も、本来、自由かつ自発的で、果てのない緊張と解放の時空を構成しており、それは、熱きもの、情熱、パトスの焔から生まれ出ているのである。それゆえ、学問もまた、遊びと同様、無害、無益なものとして看過されているものもあるが、内実は、生の堕性化を告発するのであって、このため、政治や宗教権力の弾圧を被ることにもなるのである。

かくして、大学は、遊びを求めて人びとが集うように、知る歓びを求めて人びとが集うところに成立したのである。もっとも、学問における果てしない探求は、遊びとは違って、その都度完結するものではなく、新たな探求者を求め、継続され、大きな組織へと成長する。それゆえ、大学には、先達と後達、教える者と学ぶ者がある。にもかかわらず、両者は共に探求する者であって、共同体を共に構成する同僚なのである。それは、遊びにおいて身分あるいは貧富の差が問われないのと同様である。遊びが、日常を離れた独自の時空を造るように、学問もまた世俗を越えた自由な世界を形成するのである。遊びに見られることと等しく、学問においても、問いかつ学び、それ自体を歓びとすることが眼目となっているのである。それゆえ、大学においては、教える者も学ぶ者も、学ぶことを生きる者たちであり、ギュスドルフが的確に示していたことであったが[15]、教師もまた潜在的学生なのである。

かくして、大学においては、学問、思想、表現の自由及び知の公開が説かれ、共に学び合う者たちにおいては、平等、友愛が生まれるのである。したがって、大学は、自由、平等、博愛、民主を要求することになる。いわば、大学は人間性に支えられ、人間性の探求と形成を求めるのである。かくして、大学は、学問研究と専門的職業人の育成のさらなる根底に、人間性の探求と形成をおくことになるのである。

6　大学の理念

社会において大学が課題として求められているものは研究と教育であった。教育とは、研究者と広義の専門職業人の育成である。ここには、政治家も官僚も芸術家も含まれるであろう。だが、この根底には、自由で、平和を求める民主的人間の育成と人間性の探求がある。それゆえに、大学の名にふさわしい大学は、時の権力と緊張関係をもち、ときには、敵対することになるのである。したがって、権力のなかには、大学を自己の傘下に治めようと強権を振るうことも起こるのであった。たとえば、わが国、戦前の軍国主義下の大学、ナチス・ヒトラー政権下の大学などはその典型であろう。ここでは、学問の自由は干犯され、大学の人事権をも剥奪されたのである。すなわち、思想、言論、学問が統制され、現政権に対して非協力的な教官の追放が罷り通ったのである[16]。かくして、大学は政治権力の宣伝広報機関及び専門技術学校へ転換されたのであった。これによって、大学は、その威信を失い、衰退し、死滅することになった。だが、これは現政権の敗北でもあった。けだし、国家は、自らを越える理想を消し、停滞することになるからである。停滞の行きつくところは国家の破滅以外にはないのである。

大学は、歴史においては、近代国家が成立する以前のものであったが、本来、大学は、人間の本性に直接由来するものであった。知の探求は自然によるものであった。これに比して、国家は人為ないし人工的組織なのである。それゆえ、国家は大学を支えるべきものであるのだ。しかも、大学は、問うことすなわち探求することを学ぶというその一点において、経済、政治、国家を越え、宗教と一線を画するのである。この意味で、大学は、非日常的で、反功利的な性格をもつのである。もっとも、大学は、科学技術の発明によって生産を高め、自然と文化の研究によって知の創造に貢献してきたのであった。大学もまた、直接かつ間接的に富の増大と生の充足に寄与してきたのであった。だが、それでも、産業及び政治の側からの批判は続くのである。それは、大学が社会に与えた成果が、大学が使っている莫大な予算に見合うものかどうかということに由来するのである。

大学が有しているあふれる数の教授陣と学生たち、広大な敷地、豊かな施設と設備、これらはどれを取っても贅沢、無駄と評されもするのである。人びとにとって、大学は高くつくのだ。それゆえ、大学を解体して、研究所と専門学校を設立する方が、はるかに安くつくのである。もちろん、国家及び社会は大学なしに存立することができる。したがって、大学は無用の長物と酷評されることにもなる。

しかしながら、このような大学批判は、大学を経済的功利性の観点からのみとらえたことによるものである。大学は功利性をも国家の教育をも越えているのである。大学は他の教育とは、学問の自由、探求において非連続なのである。これは、国家が主導する教育制度としての高等学校や義務制の学校と比較すれば明らかであろう。

文部省が指導要領において教育の内容と目的を規定している学校は、教育においては、既存の知識を教授する。したがって、それには必ず解答がある。ここでは、文部省の検定による教科書が用いられ、それを覚え、理解することが目的となっている。

これに対して、大学は、教育の内容及び教授方法において、国家・文部省から自由な地平に立っている。これは、大学が国家及び社会を越えて自由に問い、探求することを目的としているからである。これは、いわば、ギュスドルフが語っていたことであったが[17]、大学の教育は解答ではなく問いの教育であるということなのである。そして、問いの教育であるがゆえに、大学においては、教師と学生が同行者となって、対話的共同体をつくりあげることができるのである。もちろん、問うことは、内発かつ自由においてなされるのであるから、それは一人ひとりの自覚的探求が基底となるであろう。それゆえ、大学においては学ぶための場である図書館、研究室が配置され、学ぶための時間が確保されるのである。

かくして、このような大学の存在は、社会の惰性、固定化を破壊し、国家をも批判することになろう。そして、学問の在り方を問い、人間の生きかたをも問うであろう。功利的観点に立てば、度はずれた経費を要し、国家予算の浪費を思わせる大学は、それを越えて、社会及び国家の創造と再生を促すことになるのだ。この意味で、大学は功利的社会の只中にあるユートピアである。これは理想と夢を醸成するのだ。けだし、これは、大学をすべて解体して研究所と専門学校に変えてしまったことを想像すれば明らかであろう。そのとき、社会及び国家は閉ざされ、宇宙と人間へ目を向けることができなくなるのである。

むすび

大学の課題は研究と職業専門家の育成であった。このことによって、大学は社会の功利的な要求に答えることができよう。しかし、大学は、その要求を越えて、飛翔することができるのである。これは、研究と専門教育の根底にあって、それが理念として顕現するのであった。研究所及び専門職業人とを養成する学校と大学との違いは、この理念の一点にかかっているのであった。

大学において、研究と専門職業人の育成を支えているものは、問うことを問うこと、ゆえに問うことを学ぶこと、よって、学ぶことを学ぶこと、かくて、学ぶことそのものを生きることであった。これは、人間の根源的欲求であるがゆえに、人間性にふさわしいことであった。こうして、問うことにおいて、すべての人間は自由かつ平等であるのであった。人は、問い、知ることにおいて、地位、身分、貧富、貴賤を越えて、互いに学友となり、知の共同体を形成するのであった。

問うことが人間性に由来するのであれば、問うことを問うという、問いの究極的在り方は、人間性の探求に向けられるのである。人間性の探求、これが大学の理念である。よって、いかなる専門を研究しかつ教育しようとも、究極には人間性の探求に行き着くのである。そしてまた、人間性にあふれた研究と教育の共同体こそが優れた研究と教育を進めることになるのだ。ひるがえって、この研究と教育が人間性を培うのである。

ところで、探求すなわち問うことは、知ることを当座の狙いとするのであるから、探求とは、知ることの欲求ないし愛のため、他のすべてを犠牲にすることだとする考えが生まれるであろう。探求においては、個々人の欲望、政治・宗教的な信条、その他あらゆる欲求や意志が排除されねばならないのである[18]。その意味では、探求には知的誠実性という徳が不可欠なのである。

想えば、倫理学は学生や大衆を倫理的人間に形成するためにあるのではない。人間及びその社会の倫理的現象の解明が眼目である。また、政治学は学生を政治家にするのを目的としてはいない。実学である農学といえども農業従事者を養成するのを目的としてはいない。これは医学においてもいえることである。農業に従事するか医師になるかといったことは、結果であって、これらの学問を学んだ者たちが自ら決める事柄なのである。

大学の課題が研究と専門職者の教育であるということは、専門職者の教育は個々の学問教育の結果として生まれることであって、あくまで間接的なことなのである。つまり、まずは、学問そのものを学び、問うのである。その結果、学んだ者が、善き隣人になり、政治家になり、農業従事者になり、医師になるのである。

であれば、探求は、いかなる結果からも自由になり、知ることのためにはいかなることをも為しうるのであるか。医学における動物や人体の実験、心理学や社会学における作為的実験や調査などはどうであろうか。否、これらには、疑義を孕むものがあり、許されるべきではないものもあるのだ。むしろ、このような問い自体に問題があるとさえいえるのである。

探求のための探求、知のための知は、単独では無意味なのである。なぜなら、探求は、人間の社会に対する責任を前提にしているのであり、まさに人間性を基とし、人間性の探求へと収斂するのであって、知は人間性を逸することはできないのである。人間性を離れた探求は疑似探求であって、そこには探求以外の欲望が介在しているのである。そこには、自己の探求の成果を誇らんがため、業績、名声のため、あるいはたんなる自己満足のためとか称するものがある。

疑似もしくは似非探求であれ、それは知を産み、知は力となる。知るは治（領）ることとして、力と化し、やがて人間および人間が依拠する世界を支配の対象として簒奪する。かつては、世界が主であったのであるが、今や人間がそれを治ることによって、自ら主となり人間性を破壊するのだ。知による人間の自爆作用が進行する。

かくて、探求のための探求即探求もどきは、人間の功利的欲望の象徴である。探求のための探求は、あたかも人間の欲望を越えた、純粋に無欲な働きであるかの如く示しながら、実際は、人間性を看過して、功利的欲望の手先になることであったのだ。これは、「価値自由性」ともいうが、この言葉は、ヴェーバーが当初用い、かつそこに込めた意味を脱して、知の技術化すなわち知が欲望の手先になることへと変容したのであった。しかし、このことは、学問のいかさまであり、これを問うこともなしに、専門を探求する人びとは、探求することを止めたに等しいのである。大学の名にふさわしい大学とは、地域及び世界に対して責任をとろうとする人びとを支えとして、共に探求することを求め、その歓びを享受し、それが人間性への新しい知を開示し、なお、そのことが期せずして、人間性の育成と世界の創造になるような大学をいうのであって、大学の理念の実現とは、まさに、そのような活動の総称なのである。

注

1 喜多村和之『大学淘汰の時代』中央公論社、一九九〇年、九十二―九十三頁。

2 訳文は『世界の憲法』大沢章編、国元書房によった。

3 The Autobiography of Benjamin Franklin. 松本慎一・西川正身訳『フランクリン自伝』岩波文庫、昭和四十二年、一三五―一三六頁。

4 Adam Smith, The Theory of Moral Sentiments, The 8th, London, Printed for A. Strahan ; and T. Cadell jun. and W. Davis, in the Strand, Vol.11, pp.52-57.

5 R. P. Dore, The Diploma Disease, 1976. 松居弘道訳『学歴社会　新しい文明病』岩波書店、一九七八年による。

6 柳父章『翻訳語成立事情』岩波書店、一九八二年、二十三―四十二頁。

7 Anthony T. Tu『アメリカでも一流校は狭き門』化学同人、一九八六年、三十九―五十六頁。

8 ブルデュー・パスロン『再生産』宮島喬訳、藤原書店、一九九一年による。

9 横尾壮英『中世大学都市への旅』朝日新聞社、一九九二年による。

10 廣川洋一『イソクラテスの修辞学校』岩波書店、一九八四年。

11 廣川洋一『プラトンの学園アカデメイア』岩波書店、一九八〇年。

12 Bertrand Russell, History of Western Philosophy. Allen & Unwin. 1961.（1st ed.1946）p.50.

13 本村凌二訳『ポンペイ・グラフィティ』中央公論社、一九九六年、三十六―四十三頁。

14 ジャック・ヴェルジェ『中世の大学』大高順雄訳、みすず書房、一九七九年、四十八頁。

15 ジョルジュ・ギュスドルフ『問われている大学』片山寿昭・郡定也訳、法律文化社、一九七一年、二一九頁。

近来、平等化の盛んなアメリカにおいて、学生の側からの教師評価があるが、これは、教師も学生も共に学ぶ者であるとの原点から検討されるべきであろう。大学は教師と学生とが対話することのできる共同体としてあるのである。

16　山本尤『ナチズムと大学』中央公論社、一九八五年、六十六頁、一五九頁。

17　ギュスドルフ、前掲訳書、八十七頁。

18　B. Russell, Mysticism and Logic and Other Essays, Unwin Books, London, 1974, p.38, 1st ed. 1917.

第8章　宇宙の子ども

はじめに

人間の知の威力は自然科学によって飛躍的に拡大した。自然に関するこの知は自然をたんなる素材と見立てて利用し、ついにはそれを破壊するに至った。自然は人間の下位におかれ、人間から遠くなり、子どもは自然のない人工の環境を生きることになった。これによって科学の知が依って立つ視覚が突出して全体としての身体は退化した。子どもにおいては身体としての自然も遠くになったのである。したがって自然に対する子どもの態度が変容した。子どもは人工のものを欲するようになり、自然から何かを学ぶということもなくなってきた。自然は観察と実験の材料となった。自然と共に生き、そのなかで遊び、そこから結果として何かを学ぶということが消えた。

かつて自然は知るのではなく触れられるものであった。自然は聖なるもの、生きたもの、霊が宿るものであって、そこで子どもは育ち自然と共に成長したのであった。

自然科学の知は時間・空間の征服に活用されてきた。これは有用ないし便利さであり、これを望む人びとの欲望をこの科学は満たしてきた。時間・空間のかぎりない短縮は人びとの無限の欲望に由来するのであろう。

だが果つることのない欲望は果つることがないがゆえに虚無に陥る。足りることを知らぬ欲望は疲れ果て生命力を喪失する。

子どもはこのような環境の中にいる。これを抜け出す道はたんに自然の中へ子どもを導き、そこで自然体験をさせるだけでは開かれないであろう。根本的なことは大人たちが自然に対する見方を変えねばならないのである。自然は無機的で死んだものではないという理解が普遍的にならねば子どもは自然にふれることが困難である。

では、自然は生きたものであるという根拠はどこにあるのか。ここでは、子どもが生きることのできる自然宇宙の根拠が問われる。

1　自然の無機化

人類が誕生してからこの方、人びとは片時も地と空を忘れることはなかったであろう。地は土であり、空は地のはるか高いところにあって地を覆うものであり天ともいう。地と天は合わせて自然と称され宇宙もしくは世界ともいう。人びとはこの宇宙の中で生まれ自然宇宙と共に生きてきたのであった。自然は人間に挑戦すると共に人間に恵みを与える何ものかであった。自然は人間と等しく生きた存在であり、人びとは歓びと苦しみを自然と分かち合うことができた。生命の息吹を歓びその枯死を哀しんだのであった。

だが人類は知という強い力を手にすることになった。この知は自然宇宙を対象と見立て、それを素材となして解体し、そこから人間に役立つ仕組を取り出したのである。この知は自然の科学と称される。

この知を発見したのは古代のギリシアではなかった。パルメニデス、ヘラクレイトス、デモクリトスなどといった人びとは世界・宇宙は何であるかと問うたのであったが、彼らは宇宙の不可思議さに驚異を感じ、そもそもそれは何であるかとの思念に誘われたのであった。だがこれによって自らの知を誇ることもなければ、ましてやそれを解体して仕組を知り、人間の利便を計ろうなど思いだにしなかった。古代のギリシア人たちは何よりも自己の領分を越えて神の企てに入ることを恐れたからである。そうすることは人間の傲慢というものであった。

人間が己れの力にはっきりと気づいたのはルネサンスにおいてであろう。たとえばマネッティの『人間の尊厳と卓越』（一四五二）あるいはピコ＝デラ＝ミランドーラの『人間の尊厳』（一四八六）はこのような動きのなかで登場したのであった。当代にあっては人間だけが心と体、見えない世界と見える世界にまたがって存在するミクロコスモスであった。したがってまた人間は永遠の時と有限の時に関わっていてその間に在るもの、いわば天と地の中間者の地位を占めるものであった。

ミランドーラはさらにこれを進める。すなわちミランドーラが語る人間は自由な意志を有しており、人間はその意志によって自らを創造し自分で自分の生き方ないし本性を決めることができるのであった。人間の尊厳はこのことによって成就されるのである。

アウグスチヌス（三五四—四三〇）のような人がこれを知ったならば驚愕したであろう。けだしアウグスチヌスにおいては神の配慮なしにはいかなる仕事も達成することができなかったのであったから。それゆえにまた人に教えることも神の恵みなしにはかなわぬことであった[1]。

さらにアウグスチヌスの『告白』に比べるならばルネサンスのチェッリーニやカルダーノの『自伝』がいかに人間である自己の偉業を誇っているかが明らかであろう。アウグスチヌスが『告白』

で自己の生い立ちを語ったのは、それが神の恵みなしにはかなわなかったことを示すためであった。したがってアウグスチヌスの『告白』は神を称え、神に対する自己の罪の深さと内なる魂の探求を神の恵みのもとで果たすことにあった。

ところがチェッリーニは『自伝』のなかでこう語ったものであった。

「誰だって、いやしくも偉業をはたして偉大だと思われるような仕事をなし遂げたとしたら、しかもその人が正直な真実な人間であったとしたら、自分の伝記を自分の手で書くのが本当だ。」[2]

さらにカルダーノはこうも語った。

「伝記を書くことが一般の立派な人たちによしとされ、ましてやユダヤ人にも難なくゆるされているのなら、たとえわたしにそれほどの事績がなくとも、いくたの並はずれた偉業は起こっているのだから、書いてもよいことになるわけだ。」[3]

ルネサンスにおいて自らの力に目覚めた人間は自らの人生を自分で創造するのみならず、宇宙においても自らの限りない力を広げたのである。すなわち人間の可能性は限りない宇宙空間と同様に限りなく広がるのであった。ちなみに、ブルーノは宇宙が無限であることから出発して自己の思想を形成したのであった。そこで彼は語った。「これこそ、感覚を目覚めさせ、精神を満足させ、知性をすばらしいものとし、人間を人間として持ちうる真の幸福へと導き、あれこれの混合のなかに自立性を保たしめるところの哲学なのです。」[4]

キリスト教神学にあっては、人間と自然とは神の御言葉によって創造されたものであり、そのなかでも人間の自然は、トマスがそう見ていたように「神の似姿」として把握されていたのであった。したがって、人間を賛美するとすれば、それは神の御言葉を賛美することであった。それゆえ究極には賛美や尊厳といったことばは神に帰せられるものであった。人間は神が造り愛したもうがゆえに愛されるべきものではあっても、尊厳ある者として仰がれるものではなかった。古代のギリシア人たちと等しく傲慢は神に対する冒涜であった。神においては人間は罪深く、尊厳と称することから離れた卑しい存在であったのである。

だがいまや人間は尊厳あるものという。これは人間が自然をはるかに越えて出るということであった。人間が尊厳あるものとは人間が自ら下した自称であったが、これは人間と自然との等価性を否定するのみならず、神に対しても人間が特別なものであることを申し立てることであった。

こうして自然は人間の下位におかれ、たんなる物と見なされる。人間の新しい知である自然の科学がそれに止めを刺したのである。かのガリレオ（一五六四―一六四二）は実験・観察と数学の手法によって自然の科学を形成したというが、この手法は人間を世界から切り離したのであった。この手法の前提は自然世界は数的記号もしくはそれで表現される因果の線と見なすことにあった。このとき自然は生きて生成するものから死んだものになったのである。これは人間と自然とを価値の位階におくことさえ不可能にしたのであった。

もちろん、自然の死が一挙に訪れたわけではなかった。近世に至ってもカントは自然宇宙と人間とは共に崇敬される存在であると考えていた。『実践理性批判』の結びで示されているかの「くだり」である。すなわちカントはくりかえし新たに高まりくる「感嘆と崇敬の念をもって心をみたすもの」を二つあげたのであったが、それは「わがうえなる星またたける宇宙とわがうちなる道徳律」であった。カントにおいては宇宙と人間とは崇敬される等価的な存在であった。両者はそれぞれがマクロとミクロでありながら相通じ合う無限な存在であったのである。

だが自然の死は時間の問題であった。すでに自然科学に手をそめていたパスカルはかの『パンセ』の中で宇宙の無限に潜む虚無性に気づき戦慄したのであった。そして、現代では自然が死んだとの意識さえもなくなっている。もともと自然は生きてはいなかったのだと目するのである。自然は因果の線の織物なのである。このことについてバートランド・ラッセルは若い時「自由人の信仰」(一九〇三)のなかでこう語っていた。「人間は、もろもろの原因が成しとげる目的を予見せずに産出したものであること、人間の起源、生成、希望と恐怖、愛と信仰とは原子の偶然な配列の結果にすぎない」[4]と。また分子生物学のモノーはこうも語った。「人間は、ついに、自分がかつてそのなかから偶然によって出現してきた〈宇宙〉という無関心で果てしない広がりのなかでただひとり生きているのを知っている。」[5]

このような観点に立てばカントが批判されるのは当然のことであった。ちなみにラッセルはカントを評して「カントのように道徳律を星またたける宇宙と同一の平面におくことはできない」[6]と述べたのであった。

もはや自然宇宙は人間の住まいではなくなった。宇宙は無情であり人間に抗する力である。であるからには、人間は全力を振り絞って自然と闘うほかはない。その武器となるものは人間の知という力すなわち自然科学である。

かくして自然宇宙の征服が人間の課題となる。だがそれは無限に遠い。自然には死はないが人間には死がある。それゆえ自然の中にいるかぎり人間の孤立、虚無が乗り越えられることはない。人びとの多くはパスカルのように信じる神をもってはいない。ついに、モノーもラッセルもニーチェもそれを実存的な決意によって英雄的に越え出ようとしたのであった。

2　生きられる自然

自然は無機的な因果の線が織りなす物質となって死滅した。自然は観察と実験、操作の対象と見られ、人間に役立てられる素材として利用されるのであった。

だが自然はそのようなものであるのか。たとえば因果の線とは何か。すでにヒュームはそれは人間の習慣によるとしたのであったが[7]、現代の量子力学は因果の線も物質という観念も解体して見せたのであった。エネルギーすなわち物質についていえば、それはある里程点にいた自動車が突然消えたかと思うと次の里程点へ突然現われるといったようなもので、直線する連続した運動は成立しないのであった。したがって自然科学が明らかにする世界は絶対でもなく世界の最終的見方でもないのであった。

もともと自然科学には世界は実体によって構成されているとの前提があった。ここでは実体は分割されない最小の単位であって、これは固定しているのであった。それゆえ、この実体は他からの力が加わらなければ運動することはない。アリストテレス以来、実体はそれ自体において自足し、孤立して一定の位置を占める不変のものと見られてきた。

実体が確定した不変のものであれば、これが主格となって世界は構成されるのであり、これによって世界は主語―述語（実体―属性）で表現され、ついには主体―客体という関係が成立するのである。たとえばバラの花は赤い、鉄は熱い、私は山を見る、私は考えるなどはいずれもそうである。けだし、バラの花は赤いという命題は私はバラの花は赤いと見、鉄は熱いという命題は私は鉄は熱いと感じることと同義であって、それゆえ私という主体と客体の関係へと還元されるからである。

現代の自然科学は自ら世界はそのようなものではないことを明らかにした。宇宙の誕生において波打つエネルギーの中から素粒子が生まれ、原子が生成し分子が生まれ、四つの塩基から成る

DNAが成り、そして細胞が出現したというが、この結合し生成する力は素粒子や原子や塩基の外から加わっているのか。そしてこの外からの力によって偶然に原子や細胞が現われたと解するべきであろうか。

この問いに対して是ということはできないであろう。結合生成する力を外に置くことは物質及びその究極のものを不動の実体とした旧来の自然科学に返ることになるからである。とすれば、力は素粒子、原子、分子あるいは塩基そのものに在ったと見るべきであろう。これによって初めて世界は抽象から具体的現実としてその全容を現わすのである。

自然宇宙は力に満ちた現実が相互に交わり生成するプロセスであるということができる。ちなみにホワイトヘッドは宇宙をそのように解していた。「宇宙には価値あるものを生み出す一般的傾向があります。」「この創造原理はいたるところに、生物体にも、いわゆる非生物体にも、エーテルにも、水にも、土にも、人間の心にもあります。しかし、この創造はひとつの連続的過程であり、しかも〈過程それ自体で現実態なのです〉。」8

アリストテレスは『形而上学』で世界を動かす不動の実態を想定したが、これは諸々の実態は自らの力で動くことはできず、したがってこれを可動ならしめるのは不動の実体が加える力によるのであった。だがホワイトヘッドのように世界の全体に創造的原理がみちているとなれば、世界は有機的に連関していて相互に創造し合う契機であり、それは出来事ないし生成するプロセスであるということになる。よって世界宇宙いわば自然はあたかも古代仏教の縁起説のように、すべてのことは自足的に存在するのではなく因果の流れの中から生じるのである[9]。

世界はたんに静止した単一の物体の群でも運動するだけの無機的なものでもない。素粒子、原子、分子、細胞などはいずれも自己運動して他に関与し、働きかけ同時に働きかけられ、次の活動への契機として自己を世界へ投企し創造へ至るのである。たとえば、魚は水において生き、水は魚において生きる。また鳥は空において生き、空は鳥において生きるが如く、両者は出会うことにおいて自らを創造のプロセスに投げ入れるのである。両者は共に創造の契機、主体にして客体である。

世界は活動するもの、創造する被造体であって、それ自体たしかな出来事である。したがって世界はデカルトの思惟すなわち自己によって構成されるものではない。また世界はカントのように現象界に自然をおき、物自体を超越界におくことによって明らかにされはしない。世界は現実的実在いわば活動して現に在る有であり、それは物的でも心的でもありうるという意味で物心双方の極を内包している。ホワイトヘッドが語る如く「われわれの経験のうち、いずれを心的、物的と称するかは全くの約束事なのである。したがって実際には経験の中の物的構成と心的構成との間に引ける適切なラインなどはない。」[10]ということになる。

無機と有機、生きたものと死んだもの、電子、鉱石、植物、動物、人間、神、すべてが現実的実在である。それゆえ無機物もその分に応じて心的であり、経験し、感じ、創造するのである。すなわちすべての現実的実在は過去の因果によって限定されながら、同時に未来へ向かって創造するのである。いわば現実的実在の心的極とは創造性であり、物的極とは因果的限定、つまり物的記憶である。よって、ホワイトヘッドによれば「因果作用と物的記憶とは同じ源から生じている。両者ともに物的知覚である。」[11]ということになる。

活動の構造から見るならば、世界は現実的実在が織りなす有機的社会である。それはあたかも巨大な樹木にたとえることができる。秋になって一枚の木の葉は樹木から離れることによって次の葉の誕生を可能にする。さらに大地に降りた葉は塵に帰したあと樹液と化して再び樹木へ戻って行く。このように世界の現実的実在は他の実在を受握し、やがて後続する他の現実的実在の客体ないし実体となって受握され新しいものの創造に加わり続けるのである。かくして世界すなわち自然宇宙は生きたものとして顕現し、人間もこの世界の一員として創造のプロセスを生きるのである。

3　自然のなかの人間

ホワイトヘッドは自己についてこう語っていた。自己認識とは、「身体的な出来事に内在していて、ひとつの複雑な統一体として自らを知ることである。」[12]、「かくして、われわれは自らを自ら以外の事物の多くを統一する機能として知る。」こう見ると、ホワイトヘッドがいう自己とは、統一体としての身体であり、それは統一する機能であることになろう。さらにホワイトヘッドは語る。「諸契機から成る、われわれの生命の縫い糸に行き渡っている自己同一性についての意識は、自然という一般的統一性の内にある、ひとつの特殊な統一性のより糸の知識に外ならない。」[13]したがって、自己とは、経験すなわち因果の織物の結節にして創造への契機ということもできる。いわば、自己とは過去を記憶し、未来を予想する創造的統一体である。

このことは人間のみが格別の地位に在るというのではない。無機物は心的側面を極小とするが、心的側面が無であることを意味しない。人間と無機物との差違は相対的であって、本質的差違ではない。それゆえ、存在するもののなかで、無意味かつ無価値なものは何もないのである。あらゆる現実的実在は「自己創造的被造物[14]」である。あらゆるものが有機的に交流し、作用し合い、価値を実現しているのである。たとえば、大気は酸素を有して人間の身体に入り、人間を生かす。

これは肺臓を通じ、血液を流れる。このとき酸素は身体そのものであるのだ。水も然り。この場合、大気と身体、水と身体との区別をどこで引くのか。そのラインは確定できるものではない。環境と身体とは連続しているのだ。身体は、環境のなかで、環境によって、環境と共に生きるのである。いわば、身体は、環境に順応し、環境を適正化しながら、環境と共に創造するのである。

身体とは自己である。身体は細胞から成り、細胞は元素からできあがっている。しかし、身体は細胞ないし元素の総和ではない。身体は全体であり、全体は部分の総和を越えている。これが可能となるためには、すでに見たように、実体の観念を変えねばならない。すなわち、元素、分子、細胞、あらゆるものが、孤立した単一体ではなく、生きて活動すると見なければならないのだ。

身体は、自身、身共、御身と称され、統一した独立体である。たとえば、臓器移植に際して、拒絶する免疫反応は、身体の統一性すなわち自己同一性の証左である[15]。全体は部分の総和ではないのだ。そして、身体としての自己は創造する。創造は心的であって、自由もまた創造の在り様である。人間はこの創造のレベルの高い動物である。とはいえ、これによって、人間のみが他の生命や無機物に対して特別の地位に立つ、と見るのは誤りである。

4　宇宙を生きる子ども

草木叢林の無常なる、すなわち佛性なり（『正法眼蔵佛性』）。

これは無常であるものに真実がはたらいていることを意味する。爪の上の小さな塵にも真実は現われているのであれば、一切衆生、悉有佛性、とは自明のことであった。これは祈りに連なる。すなわち、日常行われる会釈（おじぎ）は、その謂を解しようとする試みであり、終局には、佛性を有する者への祈りとなるのである。

会釈（おじぎ）はゴリラやチンパンジーにも見られる[16]。そして、会釈は祈りへと収斂する。さらに、祈りは、異種の生命の間にも拡げられるのである。たとえば、キャンベルらによれば、各地の狩猟民が伝えてきている動物信仰は、自分たちが殺した動物の霊魂の復活を祈る儀式を不可欠としていたという。狩猟民と動物の間には契約があって、動物は、自分が復活するための儀式を人間が行ってくれるという了解のもとに、その命を人間に差し出すというのである。また、農耕民たちは、大地は神であって、一粒の種子は、切り刻まれて埋められた神の体であり、そこから食用になる植物が生まれてくるという神話が見られるという[17]。ここには、他の生命を犠牲にして生きる者の、犠牲者に対する祈りがある。

文明においては、人間は自己を神の子であると見たて、祈りを、犠牲となる生命ではなく、神そのものへ向ける。キリスト教の食前の祈りは、神の恵みに対する祈りであって、人間の生命のために供せられるものへの祈りではない。周知のように、プロテスタンティズムの精神は、禁欲を基底にして、勤勉、節制、質素を徳としながら、ついには富を蓄積し、私的欲望を拡大し、自然を破壊するに至った。この精神が根幹とする無私の倫理は、人間に対してではあっても、自然に対してではなかった。自然は収奪の対象となったのである。

もっとも、わが国・文部省の指導要領に見られるように、自然破壊を問題として、自然の尊重を教えようとする試みはある。それによれば、幼稚園では、自然に対する「豊かな心情や思考力」を培えという。小学校では、道徳の章でそれが示される。「主として自然や崇高なものとのかかわりに関すること」と称する大項の下で、小学一・二年では「身近な自然に親しみ、動植物に優しい心で接する」「生命を大切にする心をもつ」、三・四年では「自然のすばらしさや不思議さを知り、自然や動物を大切にする。」「生命の尊さを知り、生命あるものを大切にする。」、五・六学年では、「自然の偉大さを知り、自然環境を大切にする。」「生命がかけがえのないものであることを知り、自他の生命を尊重する。」「美しいものに感動する心や人間の力を超えたものに対する畏敬の念をもつ。」とある。また、中学校では、「自然を愛し、美しいものに感動する豊かな心をもち、人間の力を超えたものに対する畏敬の念を深めるようにする」。さらに、高等学校では、総則において、「人間尊重の精神と生命に対する畏敬の念」とある。

とはいえ、指導要領においても、人間尊重と自然の生命の尊重とは並置されており、両者の統合はなされてはいない。人間と自然との対峙・分立は、人間の教育そのものを分裂させるのであって、もし、これが統合的に把握されるべきであるとすれば、新たな宇宙論を必須とするのである。これを想えば、ホワイトヘッドが提示した有機体的宇宙論は、分裂を克服し、存在するすべてのものの共生的創造を見出させるよすがとなるであろう。この観点においては、尊厳という名をひとり人間のみが唱えることはできない。なぜなら、あらゆる存在するものが、生きて、宇宙の創造に参与しているのであるから。そして、人間もそれに参与する。この場合、人間においては、その実存的自由において、他者に対して責任ある者となることができるゆえに、他者への責任を負うべきなのである。もちろん、ここでは他者とは、人間だけでなく、自然全体を指す。

かくして、他の事物、生命のなかで人間のみが優れ、尊厳あるのではない。ただ人間は他者に対する自らの責任を知りうるがゆえに、その責任を身をもって引き受けることも可能なのである。そして、その責任が果たされるときに、人間の人間たる所以すなわち尊厳が現われるといえる。他の存在するもののために責任を負うて生きることができるか否か、これが尊厳へ至る岐路である。ということは、存在するもののなかで、人間のみが破滅への道を歩む危険が高い、ということである。それゆえ、存在するもののなかで、人間の尊厳のみが危ういのである。すなわち、あらゆる尊厳あるものにおいて、人間における尊厳こそが実存的営為を不可欠とするのである。

かくして教育は、人間もまた宇宙の想像力の黙々たる営為によるものであって、それゆえ宇宙のあらゆるものに尊厳があること、人間は宇宙の一員にすぎないこと、したがって人間はその尊厳を守り、新たな創造に加わる責任があることを子どもに語るのである。なぜなら今知られているかぎりでは、宇宙のなかで人間のみが自己と宇宙の関わりを知ることができるからである。

注

1　Augustinus, De Magistro.『アウグスチヌス教育論』石井次郎・三上茂訳、明治図書、一九八一年、七十五―八十二頁。
2　Benvenuto Cellini, La Vita, 1562.『自伝』黒田正利訳、現代思潮社、一九六七年、五頁。
3　Gerolamo Cardano, De Propria Vita, 1542.『カルダーノ自伝』清瀬卓他訳、海鳴社、一九八〇年、五十二頁。
4　B. Russell, Mysticism and Logic and Other Essays, Allen & Unwin, 1963, p.41, 1st ed. 1917.
5　J. Monod, Le Hassard et la Necessite, 1970.『偶然と必然』渡辺格他訳、みすず書房、一九七二年、二二四頁。
6　B. Russell, My Philosophical Development, George Allen & Unwin, London, 1959, p.131.
7　D. Hume, A Treatise of Human Nature, Reprinted from the Original Edition in Three Volmes, ed. by L. A. Selby-Bigge, M. A. Oxford Clarendon Press, 1928, p.258.
8　プライス編『ホワイトヘッドの対話』みすず書房、一九八〇年、五三二頁。

9 ハーツホーン『ホワイトヘッドの哲学』松延慶二他訳、行路社、一九八九年、十頁。
10 A. N. Whitehead, Symbolism, it's Meaning and Effect, Cambridge at the University Press, 1958, p.20.
11 Whitehead, Process and Reality, An Essay in Cosmology, Corrected Edition, New York, The Free Press, A Division of Macmillan Publishing Co., Inc. 1978, p.239.
12 Whitehead, Science and The Modern World, Cambridge at the University Press, 1953, p.187.
13 Whitehead, Adventures of Ideas, The Macmillan Company, New York, 1956, p.241.
14 Whitehead, Process and Reality, p.85.
15 多田富雄『免疫の意味論』青土社、一九九三年。
16 河合雅雄『子どもと自然』岩波書店、一九九〇年。
17 J・キャンベル、B・モイヤーズ『神話の力』飛田茂雄訳、早川書房、一九九二年。

あとがき

人は生涯学びつづける動物であると見られています。なかでも子どもはその学ぶ力において大人を圧倒しているので、子どもの時の経験は一生を支える重要なものとなります。したがって子どもを探究することは人間の可能性を知るのに欠かせないものとなっています。

本書はこの可能性を明らかにするため、子どもの誕生のみならず宇宙や生命の誕生から説き起こして現代社会の教育にまで展望しました。このため上下二巻の書物となってしまいましたが、それでもやり残したことは限りなくあります。大方の人びとの御批評を賜れば幸いに思います。ところで、この書物の上梓に際しては学術図書出版社の発田孝夫及び杉浦幹男の両氏に多くの援助をいただきました。ここに厚くお礼を申し上げます。

平成十二年十月十日

執筆者紹介

高田《たかだ》熱美《あつみ》　福岡大学人文学部教授

子どもの探求（下）
—学びと教え—

2001年3月1日　第1版　第1刷　発行
2002年1月10日　第1版　第2刷　発行

著　者　高田熱美
発行者　発田寿々子
発行所　株式会社　学術図書出版社

〒113-0033　東京都文京区本郷5－4－6
TEL 03〈3811〉0889　振替 00110-4-28454
印刷　三栄印刷㈱

定価はカバーに表示してあります.

ISBN4-87361-591-7　C3037